一人一人を大切にする
ユニバーサルデザインの音楽表現

星山麻木 編著
板野和彦 著

萌文書林
Houbunshorin

はじめに

　赤ちゃんがこの世に生まれて、最初に出会う人は誰でしょう。最初に聞く音はどんな音？　そして最初に聞く音楽とは、どんな音楽なのでしょう。優しいお母さんの歌声？　木々の梢をわたる鳥の歌声？

　そんなことを考えると、子どもにどんな素敵な歌を歌おうか、一緒に楽しもうか、ワクワクした気持ちになってきます。子どもとかかわる私たちにとって、子どもの音楽表現を学ぶことは、この世に生を受けた子どもに出会いの喜びや生きる力を与えることにつながります。

　赤ちゃんの聴覚は、胎内にいる頃から発達しています。音楽やリズムは、赤ちゃんの心に胎内にいた頃の安心感や安らぎをもたらします。赤ちゃんは生まれる前から、母親の心臓の音、規則正しく流れる血流のリズム、お母さんの声、ときにはお母さんの歌声などを聞いているのです。

　子どもが生まれて初めて聞いた音楽を覚えていることはないでしょう。それでも、そのときの感動や心地よさは心のなかにいつまでも残り、歌や遊び方は世代を超えて受け継がれていきます。それが時代を超えて、子どもの生きる喜びや豊かさへとつながっていくのです。

　音楽表現は、私たちにとっても生命の源です。音楽は私たちを楽しい気持ち、優しい気持ちにしてくれます。また、悲しいとき、さみしいときに慰めてくれる大切な友です。音楽は人生を深く豊かにしてくれるのです。

　音楽表現というと、ピアノや歌のレッスンを思い浮かべ、不安に思う人がいるかもしれません。でも安心してください。表現は自分の気持ちの表現そのものであって、だれかと優劣を比較するものではありません。私たちが生来もっている、自分を表現したい、だれかに伝えたいという思いを育てることが何より大切なのです。そして、人生の楽しさや豊かさを伝え合うことにこそ、その素晴らしさがあります。

　本書は、一人一人を大切にするユニバーサルデザインによる音楽表現を学ぶための初めての教科書です。現在、幼稚園・保育所・認定こども園には様々な特性をもち、家庭の背景も異なる子どもが多くいます。そこで、この教科書ではそれぞれの子どものニーズに応えられるよう、どんな子どもの心にも届く音楽表現を目指し、様々な方法論を実際の歌を通じて学びます。子どもを理解し、人間性豊かな指導者になるための基本の考え方やアイディアがたくさん書かれています。

　みなさんも一人一人を大切にするユニバーサルデザインの音楽表現を一緒に学んでいきましょう。

星山麻木

学び方

本書は、理論編、実践編、付録、楽譜集で構成されています。

理論編
15回を目安として、音楽表現について学ぶ際、知っておきたい基礎的な理論や考え方が書いてあります。共に学ぶ仲間と一緒に体験するコーナーや話し合いコーナーもあります。これからの学習は協働学習といって、みんなで問題を解決する力が大切です。理解を深めるときに活用してください。リトミックをはじめ、音楽療法、音楽ムーブメントあるいは子育て支援に役立つワークショップなども学べます。

実践編
様々な年齢やニーズのある子どもたちにどのように音楽表現を育てるのか、指導計画もイメージしやすいよう基本的な展開の仕方が書かれています。親子を対象としても使えますので、ヒントにしてください。基礎編と組み合わせて使うと、より理解が深まるでしょう。

付　録
クリエイティブ音楽ムーブメントを紹介しています。0歳児からできる表現のヒントがいっぱいありますが、教科書に掲載するのは初めての試みです。現在、実際に行っている子育て支援や親子あそびなどでの子どもの写真とともに解説しています。ピアノの弾き方、打楽器活用法にも触れていますので、音楽表現の応用範囲が広がります。

楽譜集
100曲の歌やその遊びは、本編のなかで一部説明し、遊び方を紹介しています。1つの曲に含まれる発達の理論や音楽表現が広がるように工夫されていますので、ご活用ください。

　本書は著者の30年にわたる実践を基礎に執筆されています。特別な支援を必要とする子どもを分け隔てなくインクルーシブ（包括）する視点から、すぐ役立てていただけるように長年の知恵と工夫を結集しました。本書を活用することで、0歳からの音楽表現、支援の必要な子どもも包括した音楽表現、親子や仲間との関係性を育てる音楽表現を学ぶことができます。
　音楽は言葉を越えたコミュニケーションです。今こそ、人と人とをつなぐ音楽の本当の意味を理解し、心と心をつなぐユニバーサルデザインによる新しい音楽表現を学んで、子どもたち一人一人が幸せになるような保育を目指しましょう。

一人一人を大切にする ユニバーサルデザイン の音楽表現

目次
Contents

理論編

Part I 音楽表現とは何かを学ぼう

- Lesson 1　領域「表現」と音楽表現 …………………10
- Lesson 2　表現とは …………………13
- Lesson 3　音楽の力 …………………16
- Lesson 4　ユニバーサルデザインの音楽表現 …………………19
- Lesson 5　音楽表現とコミュニケーション …………………22
- Lesson 6　リズムの力 …………………25

Part II 子どもの発達を生かした音楽表現を学ぼう

- Lesson 7　豊かなこころの発達を促す …………………30
- Lesson 8　ことばとコミュニケーションの発達を促す …………………34
- Lesson 9　動きの発達を促す …………………37
- Lesson10　認知や社会性の発達を促す …………………40

Part III インクルーシブを目指して実践を学ぼう
―― どんな子どもにも優しく楽しい環境づくり

- Lesson11　歌う&演奏する …………………46
- Lesson12　リトミック …………………51
- Lesson13　音楽療法&リラクセーション …………………54
- Lesson14　音楽ワークショップ&クリエイティブ音楽ムーブメント …57
- Lesson15　人と人がつながる音楽表現――保護者や地域とともに……60
- 　　　　　こんなふうに楽しんでみよう！　ことばあそび …………………62
- Column　音楽表現のこれから/エコロジカルアプローチとは …64

実践編

子どもの発達と音楽表現［おおむね6か月頃から］
Lesson 1　くすぐりあそび　やさいの塩もみ ……………… 66
Lesson 2　ボールコロコロころがし ……………………… 68
Lesson 3　ゆらゆらだっこだっこ ………………………… 70

子どもの発達と音楽表現［おおむね1歳頃から］
Lesson 4　ボールかくし …………………………………… 72
Lesson 5　きたぞ きたぞ …………………………………… 74

子どもの発達と音楽表現［おおむね2歳］
Lesson 6　即興リズムあそび ……………………………… 76
Lesson 7　楽器であそぼう ………………………………… 78
Lesson 8　パペットとうたっておどろう ………………… 80

子どもの発達と音楽表現［おおむね3歳］
Lesson 9　指揮者ごっこ …………………………………… 82
Lesson10　感情表現 ………………………………………… 84
Lesson11　ジャンプ！ と しゃがむ！ …………………… 86
Lesson12　ドードリング　アートと音楽の融合 ………… 88
Lesson13　なんでもパペット ……………………………… 90

子どもの発達と音楽表現［おおむね4歳］
Lesson14　ドレミファ エアーふうせん …………………… 92
Lesson15　自分の音を見つけよう ………………………… 94
Lesson16　ドレミファソで歌う・歩く・走る …………… 96

子どもの発達と音楽表現［おおむね5歳］
Lesson17　リズムdeごっこ ………………………………… 99
Lesson18　紙芝居 …………………………………………… 102
Lesson19　かげえあそび …………………………………… 106
Lesson20　感じて動こう　Creative Movement ………… 108

付録

特集　あなたもできる！クリエイティブ音楽ムーブメント
　……………………………………………………………………112
ピアノの弾き方講座──黒鍵を使って自由に！……………124
打楽器を活用しよう………………………………………126
保育所保育指針（抜粋）……………………………………128
幼稚園教育要領（抜粋）……………………………………131
幼保連携型認定こども園教育・保育要領（抜粋）……………132
Column　子育て支援に音楽表現を生かす／
　　　　　発達支援と人材育成……………………………134

0歳からの
親子あそびや
音楽ワークショップで使える！
子どものうた100

＊本書は、本編と別冊楽譜集が連動して使えるように作られています。
　本編中、楽譜集の歌は以下のように示してあります。

例）♪⑨　いっぽんばしこちょこちょ

楽譜集の掲載番号　　　曲名

理論編

理論編では、楽譜集の歌と合わせ、
音楽表現に大切なことを整理していきましょう。
また、子どもの発達を学びながら、
年齢に適した音楽表現を紹介します。

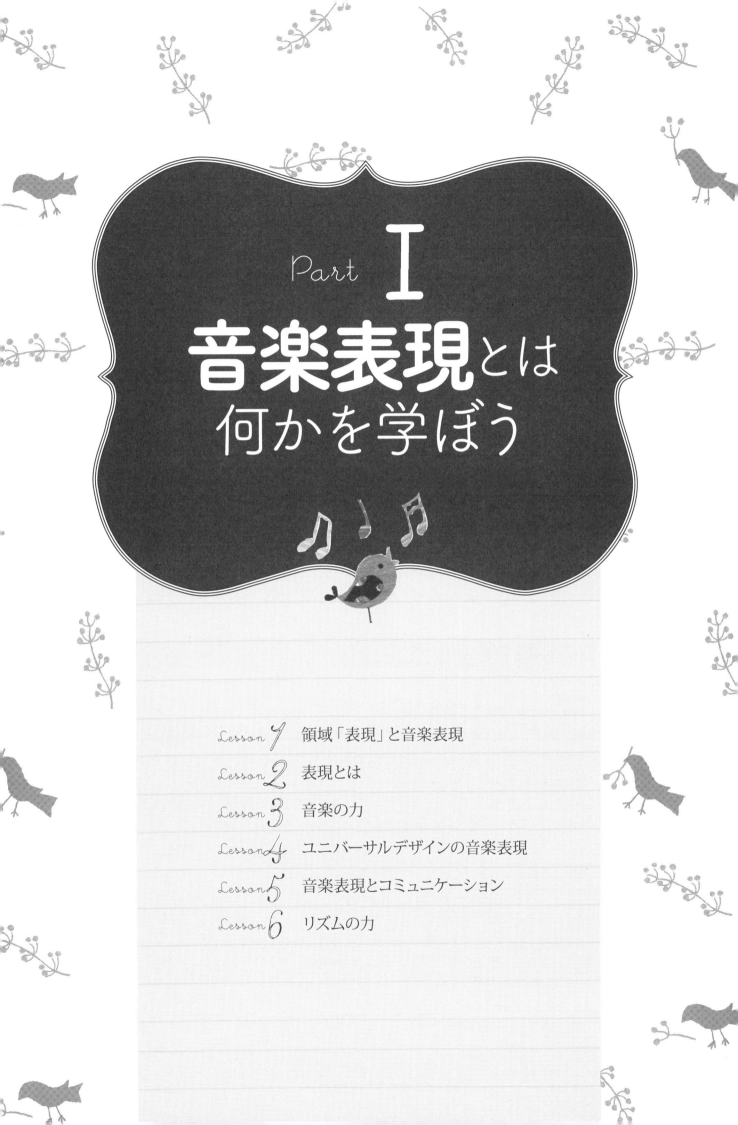

Lesson 4 領域「表現」と音楽表現

　現在、小学校へ上がる前の子どもたちの多くが幼稚園・保育所・認定こども園へ通っています。そして、日中の長い時間をそこで過ごします。そのため私たちが子どもたちの様々な音楽表現に関する活動を実現し、それによってより成長することを願うとき、これらの教育機関・施設における教育や保育について知り、考えることがとても重要です。
　まず、教育および保育の「ねらい」と「内容」は、幼稚園教育要領と保育所保育指針、幼保連携型認定こども園教育・保育要領に記されています。大切なポイントを学びましょう。

5つの領域について

　幼稚園における教育、保育所における保育、認定こども園における教育・保育では、5領域と呼ばれる「健康」「人間関係」「環境」「言葉」「表現」が設定されています。
　これは、小学校における教科、つまり国語、算数、理科などと同等のものととらえることができますが、幼稚園・保育所・認定こども園には1時間目、2時間目などという区分がありませんので、生活のなかの様々な活動、そして生活全体のなかで、この5つの領域について配慮することになります。

5つの領域の定義[*1]

健康：健康な心と体を育て、自ら健康で安全な生活をつくり出す力を養う。
人間関係：他の人々と親しみ、支え合って生活するために、自立心を育て、人と関わる力を養う。
環境：周囲の様々な環境に好奇心や探求心をもって関わり、それらを生活に取り入れていこうとする
　　　力を養う。
言葉：経験したことや考えたことなどを自分なりの言葉で表現し、相手の話す言葉を聞こうとする意
　　　欲や態度を育て、言葉に対する感覚や言葉で表現する力を養う。
表現：感じたことや考えたことを自分なりに表現することを通して、豊かな感性や表現する力を養い、
　　　創造性を豊かにする。

　音楽表現に関する事項は領域「表現」に含まれることになりますが、ほかの4つの領域とも密接なかかわりがあります。この点にも配慮しつつ幅広くとらえていくことが大切です。

[*1]　文部科学省「幼稚園教育要領」2017年
　　　内閣府・文部科学省・厚生労働省「幼保連携型認定こども園教育・保育要領」2017年

領域「表現」がめざすもの

　先ほどの「表現」の定義は、幼稚園教育要領、保育所保育指針、幼保連携型認定こども園教育・保育要領において共通していますが、その意味するところは「子どもたちが様々なことを感じ取り、新しいものを生み出すようになることが大切である。そのために自分の内側を充実させ、それを外側へ表すこと、つまり自分の内と外を結びつけることが重要である」ということです。

　また、この定義は3つに分けて、次の「ねらい」のなかで詳しく書かれています。

ねらい

（1）いろいろなものの美しさなどに対する豊かな感性をもつ。

　「表現」であるのに、いきなり感性、つまり感じ取ることについて述べられるというのは意外な印象もありますが、まず感じ取ることが十分にできて、そのあと表現することにつながっていくと考えられます。

（2）感じたことや考えたことを自分なりに表現して楽しむ。

　子どもたち自身が感じたり、考えたりしたこと、つまり子どもたちの内面からわき出た表現であることが大切なのです。長くて難しい合奏や合唱の曲を、何度もリハーサルをして演奏させたりすることは、子どもたちの心や考えを表すことにはなりません。過度に技術的な指導は望ましくない、と受け取ることもできるかもしれません。

（3）生活の中でイメージを豊かにし、様々な表現を楽しむ。

　私たちの生活のなかには、様々な「おもしろいこと」があります。自然、習慣、いろいろな出来事などを子どもが見つけて表現し、それを友達や保育者が受け止めることで深めていけたらいいですね。

内容について

　続く「内容」は、幼稚園教育要領、保育所保育指針、幼保連携型認定こども園教育・保育要領で多少異なる部分があります。これらを次のとおりAからJまでの10項目に分け、解説します。

	幼稚園教育要領	保育所保育指針／幼保連携型認定こども園教育・保育要領 ①②：1歳以上3歳未満児より、（1）〜（8）：3歳以上児より
A		①水、砂、土、紙、粘土など様々な素材に触れて楽しむ。
B		②音楽、リズムやそれに合わせた体の動きを楽しむ。
C	（1）生活の中で様々な音、形、色、手触り、動きなどに気付いたり、感じたりするなどして楽しむ。	（1）生活の中で様々な音、形、色、手触り、動きなどに気付いたり、感じたりするなどして楽しむ。
D	（2）生活の中で美しいものや心を動かす出来事に触れ、イメージを豊かにする。	（2）生活の中で美しいものや心を動かす出来事に触れ、イメージを豊かにする。
E	（3）様々な出来事の中で、感動したことを伝え合う楽しさを味わう。	（3）様々な出来事の中で、感動したことを伝え合う楽しさを味わう。
F	（4）感じたこと、考えたことなどを音や動きなどで表現したり、自由にかいたり、つくったりなどする。	（4）感じたこと、考えたことなどを音や動きなどで表現したり、自由にかいたり、つくったりなどする。
G	（5）いろいろな素材に親しみ、工夫して遊ぶ。	（5）いろいろな素材に親しみ、工夫して遊ぶ。
H	（6）音楽に親しみ、歌を歌ったり、簡単なリズム楽器を使ったりなどする楽しさを味わう。	（6）音楽に親しみ、歌を歌ったり、簡単なリズム楽器を使ったりする楽しさを味わう。
I	（7）かいたり、つくったりすることを楽しみ、遊びに使ったり、飾ったりなどする。	（7）かいたり、つくったりすることを楽しみ、遊びに使ったり、飾ったりなどする。
J	（8）自分のイメージを動きや言葉などで表現したり、演じて遊んだりするなどの楽しさを味わう。	（8）自分のイメージを動きや言葉などで表現したり、演じて遊んだりするなどの楽しさを味わう。

Ⓐ ものづくりをする際によく用いられる紙や粘土に加えて、水や砂、土など自然のなかにある素材も子どもの創造性を刺激してくれます。見るだけでなく、直接触れることによって様々なアイデアがわいてくるでしょう。

Ⓑ 歌は言葉をリズムとメロディーにのせて表現していくものですから、子どもにとって自分の内側（心）と外側へ表すこと（表現）とを結びつけるという意味があります。また歌うだけでなく動きも伴わせて、さらにその意味を高めます。

Ⓒ 子どもが生活のなかで触れ合う様々な事物を楽しむことができるようになるためには、まず保育者自身が気づくこと、楽しむことが重要です。保育者が楽しめれば、子どもたちとそれを共有できますし、教材として選定することも可能になります。

Ⓓ 子どもが生活のなかで美しいものに気づくためには、保育者の言葉がけが大切です。保育者が実感した美しさを子どもに伝えることによって、気づきが生まれます。そしてそれが表現へと結びついていきます。

Ⓔ 子どもが感動したことについて、友達や保育者と共有する、つまりコミュニケーションを取り合うなかで、より強く感じ取ることができるようになります。

Ⓕ 子どもが「感じたこと、考えたこと」などを表現するには、即座に表現する活動を実行することが大切です。そのため、動きばかりでなく、描いたり作ったりすることもすぐに行えるような配慮が必要です。

Ⓖ シンプルな素材ほどイマジネーションは広がります。たとえば四角い積み木は自動車にも家にもなり、遊びのなかで自由に活用できます。逆に「高度な」おもちゃなどは遊び方が決まっていて、たった1つの遊び方しかできないものもあります。どうすればより楽しくなるのかアイディアを出し合い、一緒に考えていくことが大切ですね。

Ⓗ 歌の好きな保育者と触れ合っている子どもは歌が、音楽が好きになります。なるべくシンプルな歌をたくさん歌ってあげましょう。もしも保育者が歌が苦手ならば、CDなどを活用してもいいでしょう。その際に保育者がCDに合わせて口ずさむようにすると、「あっ、先生はこの歌が好きなんだ！」と子どもが感じ取る機会となります。
簡単なリズム楽器は持ち方や打ち方によって、とてもいい音が出ます（もちろん値段に左右される部分もありますが）。「この音はどうかな？」と子どもたちと話し合いましょう。

Ⓘ 子どもたちが描いたり作ったりするプロセスを楽しむとともに、それを活用したり飾ったりし、感想も話し合いましょう。保育者はただ「じょうずですね」と言うばかりでなく、どこがよいのか、その子が以前作ったものとどう違うのかをコメントすることが大切です。

Ⓙ 子どもが自分の心のなかに描いたイメージをすぐに表現することは、まわりの人たちとのコミュニケーションを図るという意味でとても大切です。表現することで初めてほかの人から理解されますし、感動を共有することもできます。

どのような歌が子どもたちにとって歌いやすいのか、より豊かなイメージを引き出すのか話し合ってみましょう。

Lesson 2 表現とは

だれもが表現している

みなさんは表現と聞くと、どんな活動を思い浮かべるでしょう。ダンスや演奏の発表会でしょうか。それとも造形などの創作活動でしょうか。

表現する力は、だれでも生まれたときから自然にもっているものです。そして、年齢とともに表現方法が豊かに発達していきます。子どもにも大人と同じように様々な感情がありますが、語彙が少ないため、様々なしぐさや表情で伝えようとしています。言葉でうまく伝えられないからこそ、泣く、笑う、怒る、もじもじするなど、自分の態度・行動などで表現すると考えられます。

表現は意図的に相手に伝えようとして発信されます。たとえば、つまらない、もう帰りたいなど、口には出さなくとも態度や表情で私たちが理解できることもあります。それだけでなく、無意識で発信されていることもあります。たとえば、恥ずかしい、トイレに行きたいなど、私たちはその表現だけで子どもの気持ちを理解することもできます。感受性豊かな保育者であれば、言葉にならない態度や表情などから子どもの気持ちを受け止めようと、つねに考えたり察したりしていると思います。

このように子どもは表現したいこと、わかってほしいこと、相手に伝えたいことをたくさん心のなかにもっています。それらを親、保育者、周囲の仲間に日々、発信しつづけているのです。

喜び・悲しみ・不安・怒りなどは、言葉や行動で表せない複雑な気持ちの揺れ動きです。そのため、人間は音楽・絵画・造形・詩・物語・動き・劇など、豊かな表現手段で相手に伝え、また受け取ることができます。もし言葉が話せない子どもがいたとしても、様々な方法で心のなかの動きを相手に伝えることができるというのは、素晴らしいことです。

大人が気をつけること

表現は、うまい・下手などと評価する必要はありません。なぜなら表現で大切なのは出来栄えや結果ではなく、子どもの心の育ちを支えること、人間関係に必要な力を育てることだからです。子どもが安心して自分の気持ちをだれかに伝えようと感じてくれなければ、表現することをやめてしまうでしょう。

また、安易に人と比べたり、上手にすることを求めたりすることは、その子らしくのびのび育つための心の発達を止めてしまいます。乳幼児期はだれもが安心して、一人一人のもって生まれた良さが認められ、感動的な体験を共有してこそ、自分の存在が大切だと感じるようになります。子どもを傷つけること、子どもを追い詰めたり、強制・強要しないように気をつけていきましょう。

表現がもたらすもの

　表現は、表現そのもの以外にも様々な効果があります。たとえば、子どもの対人関係の発達、運動の発達、言語の発達などを助けるなどの役割です。

　子どもは「自分の気持ちを相手に伝えたい」と思うと、必死に手を伸ばします。すると、その動きとなる運動の発達にも効果があります。あるいは母親に振り向いてほしいと声を出すこともあります。声を出せば相手が反応すると理解できれば、もっともっと声を出そうと考えるでしょう。すると言葉が育ってきます。このように表現は、自分の気持ちを外に出すと伝わるという相互作用や、対人関係の発達の基礎づくりに役立っているのです。

　ところで、みなさん自身は豊かな表現をしているでしょうか。

　大人になっても表現の力は日々の生活のなかで生きています。たとえば、うれしい、怒る、悲しいなど、人間は毎日、様々な気持ちになります。楽しい気持ちのときは鼻歌が出たり、スキップしたくなったり。何だかモヤモヤしているときは、ついだれかにあたってしまったりします。そんなとき、自分の好きなことに集中すると、気持ちがすっきりすることはありませんか。表現活動には、嫌な気分が晴れやかになったり、気持ちが楽になるなど、様々な効果があるのです。

　子どもたちも、何かの表現活動に夢中になっていることがあります。紙をひたすらちぎったり、木の葉っぱや花を並べて置いたり。たとえそれが大人から見て意味のない遊びに思えたとしても、その表現活動そのもので自分の心を落ち着かせたり、自分を見つめ直したり、心のなかを整理しようとしているのかもしれません。

　簡単な表現あそびの例を挙げてみましょう。ただ空に向かって思い切りボールを投げるだけでも、気持ちを発散することができます。たくさん走りまわったあと床に寝転び、静かな音楽を聞いているだけでも心が落ち着きます。大きな画用紙に線をぐじゃぐじゃに描くだけでも、もやもやした気持ちが発散できたり、だんだん楽しい気持ちになってきたりします。こんなふうに私たち自身が表現の楽しさや豊かさを体験しながら、子どもたちに何を大切に伝えるのか考えていきましょう。

プラスワン 1

　私たちは、日常、日本語であたりまえのように話し、気持ちや意志を確かめ合っています。この言葉による表現のことをバーバル・コミュニケーションといいます。一方、態度や表情など言葉ではない表現をノン・バーバルコミュニケーションといいます。

　表現はバーバルコミュニケーションとノン・バーバルコミュニケーションの両方で成り立っています。自分の心のなかにある見えない気持ちはとても複雑。みんながそれぞれ、自分の感情や気持ちを伝えたり受け取ったりするためには、多くの表現手段が必要なのです。

話し合ってみよう！

子どもが楽しい気持ちのとき、どんな動作をするでしょうか？　また、その動作や表情はどんな場面で見かけますか。

たとえば

子どもが楽しい気持ちのとき見せる動作
- 手をパチパチたたく
- 笑う
- 「わあー」と叫ぶ
- 物をたたく
- ジャンプする

こんな場面で見かける
- 楽しいお話や音楽のあと
- 友達がおどけているとき
- 久しぶりの友達に会ってうれしいとき
- 楽しくなって興奮したとき
- 好きな場所に連れていってもらえるとき

みなさんは子どもの頃、自分の気持ちをどんなふうに表現したでしょうか。とてもうれしい→思わず手をパタパタさせてしまう、ドキドキする→だれかの手をぎゅっとつかむなど、楽しいとき、うれしいとき、悲しいとき、さみしいとき、子どもたちはそれぞれに言葉だけではない豊かな表現手段があるのです。様々な場面を想像して友達と話し合い、たくさんのアイディアを共有してみましょう。

♪50 しあわせならてをたたこう
歌っていると楽しい気持ちになってきますね。

考えてみよう！

すぐできる簡単な表現あそびを考えてみてください。みなさんも思いつきましたか。

たとえば

気持ちを発散する活動
- 1、2の3で軽いボールを思い切り空に向かって投げる
- 1、2の3でジャンプしながら「れ〜」「ひゃ〜」など好きな言葉を叫んでみる

心を落ち着かせる活動
- 今日の気持ちを色で表現してみる
- 大きな画用紙に絵具で好きな線をグルグル描く
- 木の葉っぱやビー玉を並べて形をつくる

♪23 おなかのへるうた
「おなかすいたね〜」という気持ちを考えながら、ユーモラスに歌います。

♪84 ふうせん
美しいメロディの曲です。ゆっくり歌っていると、不思議と心が落ち着いてきます。

♪101 ロケットにのって
ロケットになって思い切り走り回ることができると、気持ちも発散できますね。

Lesson 3 音楽の力

みなさんは音楽が好きですか？ どんな気持ちのとき、音楽を聴きたいと思うのでしょうか？ ここでは音楽の力や効果について考えてみましょう。

たとえば、元気を出したいときや気持ちよく活動を始めたいときには、どんな音楽を聴きますか？ 明るい曲でリズムもアップテンポなものを聴いて、一日を元気にスタートする人もいるでしょう。気分が沈んだときはどうでしょう。静かな音楽や悲しいメロディーの音楽を聴くことで気持ちが休まることもあるでしょう。

こんなふうに私たちは、知らず知らず音楽の力を使いながら生活しています。この効果を考えてみると、子どもの音楽表現の豊かな力を育てるヒントになるでしょう。

音楽には次のような効果があると考えられます。

> 音楽には、元気を出す力がある。
> 音楽には、心を落ち着かせる力がある。
> 音楽には、記憶をよみがえらせる力がある。
> 音楽には、記憶を助ける力がある。
> 音楽には、運動を引き出す力がある。
> 音楽には、痛みを和らげる力がある。
> 音楽には、コミュニケーションする力がある。

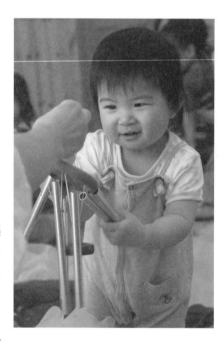

ほかにもいろいろあるかもしれませんね。このように音楽にはたくさんの力があるのです。何となく学校に行きたくないとき、嫌な気分のとき、自分の好きな音楽を聴くと気持ちが楽になり、少しずつ元気が出てくることがあります。

また、事故や災害に遭ったとき、歌を歌って励ましたり、声を出すうちに身体が温まったり、共に歌を歌っていると不思議に元気が出てきて、それで助かったという例も実際にあります。

自分の好きな音楽を聴いたり歌ったりすると、皮膚の温度が上昇する（たとえば手先が温かくなるなど）というサーモグラフィを使った研究があります。音楽の不思議な力ですね。

うまい下手ではなく、子どもの安心感を育てよう

　乳幼児期に最も大切なことは、人への信頼感を育てること、安心感を育てることです。
　表現とは、子どもからの発信です。赤ちゃんは母親・父親・保育者に対して、喜び・悲しみ・助けなど様々な自分の気持ちを言葉より、泣く・笑う・手足をバタバタするなどの声や表情、しぐさで発信しています。
　もし赤ちゃんが笑ったり泣いたりしても、まわりの大人が無視したら、どうなるでしょう。赤ちゃんは「何を訴えても無駄だ、自分から発信しても相手にされない」ということを察し、自らの気持ちを発信しなくなっていくでしょう。
　もし幼いころから「あの子は演奏が上手・下手」など、出来栄えだけを気にする先生や親に囲まれて育ったらどうなるでしょう。練習しても、叱られたり自分の存在を否定されたりしたら、自分のことが嫌いな子どもになってしまうかもしれません。

　幼い頃、大人から温かな視線を注がれず、厳しい反応のなかで育たざるを得なかった子どもは、顔の表情が乏しくなり、言葉も減って、のびのび表現できなくなってしまいます。自分を外に出すことが怖くなって、大人の顔色をうかがってばかりになるかもしれません。
　表現の力を育てるためには、だれかに温かく受け止めてもらえるという安心感が大切です。安心感があってこそ、自分のありのままを発信できるようになります。

　子どもに何かを教え込むことに一生懸命になりすぎるより、子どもの自尊感情（自分を大切に思う気持ち）を大切に、豊かな音楽表現の力を育てましょう。自分が楽しむことや仲間の大切さを知り、人として生きるために必要な安心感と表現力を育む音楽表現の素晴らしさを、子どもに伝えていきたいですね。
　表現は、それぞれ違っていても、みんな素晴らしく、どの子どもも自分らしく豊かに表現することこそが素晴らしいのです。子どもが生き生き表現できるよう、見守り、励ましていきましょう。

　世界の優れた教育や保育をリードしてきた偉大な研究者や実践家は、どんな子どもにも楽しめる音楽と、安心して自己表現できる環境づくりを大切にしてきました。みなさん自身が音楽を楽しみ、創造的に生き、音楽が人生においてかけがえのないものであることを実感していれば、子どもにもきっとその素晴らしさが伝わることでしょう。

♪36 キリン
「キリンさんの首って、とっても長いね〜」。共感を促しながら一緒に歌ってみましょう。

♪94 メリーさんのひつじ
旋律が美しく覚えやすく、だれでも知っている曲ですね。歌ったり歩いたり、様々なシーンでよく使われます。子どもの安心感を育てましょう。

話し合ってみよう!

みなさんは普段、どんな音楽を聴きますか? 自分のお気に入りの音楽を友達と話し合ってみましょう。

たとえば

- 元気を出したいとき聴く音楽
- 心を落ち着かせたいとき聴く音楽
- 記憶をよみがえらせる音楽
- 記憶を助ける音楽
- 運動を引き出す力がある音楽
- 心や身体の痛みを和らげる音楽

考えてみよう!

みなさんは幼い頃、どんな音楽を聴いたり歌ったりしていましたか? 自分の知っている子どもが楽しめるわらべうたや童謡を思い出してみましょう。それは誰が教えてくれたのでしょう。

たとえば

♪9 いっぽんばしこちょこちょ

伴奏なしの歌いかけだけで遊べる代表的なわらべうたです。くすぐりあそびも入って、一対一のスキンシップを楽しみながら、心の発達を促します。「かいだんのぼって」のあとは、ちょっとタイミングをずらしてみると、子どもは期待感いっぱいです。また、くすぐりあそびは感覚あそびの基礎となる大切なスキンシップです。

♪68 ちゃちゃつぼちゃつぼ

右手と左手で茶つぼのフタと底を繰り返しつくりながら歌うユーモラスなわらべうたです。世代を超えて親しまれています。右と左の手のコーディネーション(協応性)を促すこともできる楽しいあそび歌ですね。

みなさんも楽譜集を参考に、知っているあそび歌を友達同士で教え合って楽しんでみてください。

Lesson 4 ユニバーサルデザインの音楽表現

「ユニバーサルデザイン（UD）」って何？

　近年、子どもたちを育てている家庭の環境が大きく変化しました。ひとり親、共働き、核家族も多くなり、大家族で助け合いながら子育てしていた時代とは、子育ての負担が大きく変わってきました。以前のように、だれもが3世代以上の大家族のなかで、多くの兄弟姉妹に囲まれて育つことのほうが珍しくなったのです。また、発達障害など脳の機能障害があると診断されている、もしくは疑いのある小学1年生は、通常の学級でも9.8％程度と報告されています[2]。

　核家族化により親子で歌を歌う、祖父母と手あそびをするなど、家庭で親しめた音楽あそびの経験がない子どもが増えています。なかにはお母さん、お父さん自身、子守唄を知らない、あそび歌を知らない、わらべうたで遊んだことがないという方もいます。

　どんな子どもにとっても音楽で表現することはとても大切であり、音楽は一生の友達なのです。現在では「ユニバーサルデザイン」という、だれにでも使いやすくわかりやすいデザインが広がってきています。

　ユニバーサルデザインとは、ノースカロライナ州立大学のロナルド・メイス（Ronald Mace:1941-1998）が1985年に公式に提唱した概念で、以下の7つの原則からなっています。

ユニバーサルデザインの7原則[3]

①どんな子どもや大人にも公平に使える（公平な利用）　Equitable Use
②柔軟に使える（利用における柔軟性）　Flexibility in Use
③簡単ですぐわかる（単純で直観的な利用）　Simple and Intuitive Use
④使い方がよくわかる（認知できる情報）　Perceptible Information
⑤ミスをしても大丈夫（失敗に対する寛大さ）　Tolerance for Error
⑥身体への負担が少ない（少ない身体的な努力）　Low Physical Effort
⑦サイズや空間が近づきやすく使いやすい（接近や利用のためのサイズと空間）　Size and Space for Approach and Use

　このような多様性を尊重する、思いやりのある考え方が国際的にも広がっています。それは、一人一人の違いを大切にしようという子育てにも欠かせない視点です。

---

[2]　文部科学省「通常の学級に在籍する発達障害の可能性のある特別な教育的支援を必要とする児童生徒に関する調査結果について」2012年
[3]　NC State University, The Center for Universal Design "THE PRINCIPLES OF UNIVERSAL DESIGN", 1997

ユニバーサルデザインの音楽表現とは

①どんな子どもにも楽しく安心
　音楽表現は、生まれたての赤ちゃんでも、ダウン症や肢体不自由、発達障がいのある子どもなど障がいの有無にかかわらず、だれにでも楽しめ、自分なりの表現をすることができます。つまり、どんな子どもにも音楽表現は必要なのです。上手に歌える・演奏できるなど、音楽が得意な子やできる子だけが認められたり、間違えないことを求められる音楽や発表会は、ユニバーサルデザインとはいえないでしょう。自分なりに表現ができる機会がどんな子どもにも公平に与えられる、という考え方が今、求められています。たとえば、わらべうたは多くの国にあり、だれもが安心し楽しく歌える曲として世代を超えて引き継がれています。どんな子にも楽しめる音楽を選ぶことが大切です。

②どんな子どもにも柔軟に応用できる
　音楽表現は、こうでなければならないという枠がありません。決まった演奏方法や難しい曲を弾けることがゴールではないのです。子どもは間違え、失敗するほうがあたりまえ。最初からすべてどんな組み合わせでもきれいに響くペンタトニック（p.48参照）にしておくなど、どの子も柔軟に応用できる演奏法や曲を選べるよう、保育する者が創意工夫や柔軟に考えるといいですね。

③どんな子どもにも簡単で、ありのまま表現できる
　音楽は豊かな感性を育てるコミュニケーションの手段です。どんな子にも歌いやすく楽しめる、演奏しやすいなどの配慮が必要です。リズムを先に出してわかりやすくする、振るとすぐ音が出る楽器を選ぶなど、少しの工夫でだれもが安心できます。

④どんな子どもにもよくわかる
　耳が聞こえにくい子ども、モノの形がわかりにくい子ども、動作がぎこちない子どもにも音楽表現を楽しめるよう、保育者の指示の理解や情報がわかりやすいように工夫することが大切です。

⑤間違えても大丈夫
　間違えずに、より速く、難しく、みんなでそろえてなど、大人の評価や価値感を押しつけないようにします。音楽表現は元々、正しい・間違っているなどがあるわけではなく、自由で創造的なものです。音やリズムを間違えても大丈夫、時には間違えるからこそ楽しく、おもしろくなるなどの提示の方法や表現の方法を保育者が調整しておきます。

⑥負担やストレスを強制しない
　難しい楽器や年齢以上の難しい動きやフレーズなどを教え込む音楽表現は、子どもの心を傷つけていきます。たとえば手にマヒがあったり、リズムをうまくとれない子どもがいても、負担やストレスを与えない音楽表現を考えるのが本物の保育者です。間違えても大丈夫なように、初めから選曲や演奏方法を工夫して準備するようにします。

⑦どんな子どもにも優しく温かな雰囲気と空間があること
　音楽表現には、十分な空間、自然の安らぎ、音色の美しさ、仲間との触れ合いなどが存分に楽しめるように、人々の温かな眼差しと空間が必要です。競争にさらされやすい現代の子どもたちだからこ

そ、音楽表現では競争や比較、演奏技術の善し悪しの評価は避けたいものですね。

　音楽表現とは人と人とのコミュニケーションです。ユニバーサルデザインの音楽表現は、一人一人の違いを認め、それぞれに違った達成感を求めます。即興的でだれも失敗しない方法を最初から考えておきます。だれもが安心できて創造的に楽しめる、そんな音楽表現を子どもたちと楽しめる保育者を目指しましょう。

　では、以上のようなユニバーサルデザインの音楽表現をどのように工夫したらよいのでしょう。
　たとえば、子ども用の楽器のなかには、木琴や鉄筋の鍵盤を取り外しできるタイプのものがあります。また、だれもが持ちやすく演奏しやすいように考えられている卵マラカスなども、ユニバーサルデザインの楽器といえるでしょう。子どもたちが音楽が大好きになるように、みなさんで話し合って、たくさん発見してみましょう。

話し合ってみよう！

みなさんの身のまわりに、子どもや障がいのある方など、どんな人でも使いやすいように工夫されたユニバーサルデザインのモノや空間はないでしょうか。楽器など音楽にかかわるものでも、たくさんあると思います。お友達と話し合って、見つけてみましょう。

たとえば
- 車椅子の人でも買いやすい高さに設定された自動販売機
- たたきやすいように固定された太鼓
- 子ども用のバイオリン（身体の大きさに合わせてサイズが準備されている）

たとえば
- 「ユニバーサルデザインタクシー」について調べてみましょう。

考えてみよう！♪

少数派の人や子ども、高齢者、異年齢や異世代の人々が共に楽しめる楽器のデザイン、歌い方、表現とはどういうことなのか、考えてみましょう。たとえば、マラカスを持つ、わらべうたをみんなで歌う、など。

プラスワン＋1　特別な支援を必要とする子どもたちが楽しめる楽器

●機能の障がいが重い子ども
　ゆっくり音色が響くもの、少し触れただけで美しい音の出るチャイムなど

●中程度の機能の障がいがある子ども
　軽く振ると音の出るマラカス、太鼓など

●軽度の機能の障がいがある子ども
　美しい音色のトーンチャイムなど

　脳の機能の障がいがあるなしにかかわらず、共に楽しみ、だれもが参加できるユニバーサルデザインの音楽表現こそが本物です。みなさんも工夫してみてください。

Lesson 5 音楽表現とコミュニケーション

コミュニケーションという視点から音楽表現を学びましょう。

赤ちゃんは母親から安心感を得ながら自分の感情を外に出すことができるようになります。右図を見てください。

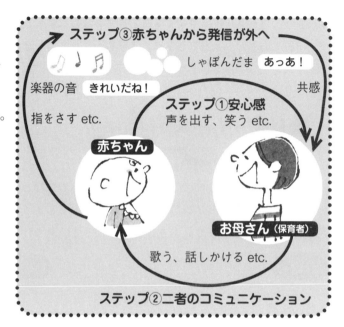

ステップ①

特定の人との安心感を育てます。これを「愛着の形成」といいます。自分が泣いたとき、反応して適切な行動をとってくれる養育者が側にいると、赤ちゃんは信頼感・温かさ・安心感を得られるようになります。優しく、温かな感触で自分の要求が満たされることを体験するのはとても大切です。

赤ちゃんには何が聞こえているのでしょうか。人々の声、母親の優しい声かけ、歌声などであれば、自分のなかの体験が安心感と安心な音として結びついていきます。

この時期の赤ちゃんは、感覚や動きなど、主に五感で感じることによって、日々発達していきます。五感のなかでは聴覚と触覚がよく働きます。いい音が聞こえる、ミルクの匂いがする、などという感覚が先に育っていきます。乳児期の頃には子守唄、わらべうた、リズムあそび、歌い聞かせ、大きな動きと美しい音楽などで、子どもとのつながりを育てましょう。

♪100 ゆりかごのうた

赤ちゃんを優しく抱っこし、保育者自身が優しくゆっくり揺れながら、心をこめて歌いましょう。目を見ながら、自分が赤ちゃんの気持ちになって、ゆったりした気持ちで歌います。大切なことは、赤ちゃんの表情やしぐさに反応することです。言葉でなくても、赤ちゃんの発信しているサインを受け取ることは、赤ちゃんの安心感を育てます。泣いていた赤ちゃんが、優しく規則正しく背中をたたかれているうちに寝てしまうこともあります。お母さんのお腹のなかで聞いていた心臓のリズムを思い出して安心するのかもしれませんね。

ステップ②

　二者のコミュニケーションを育てます。二者とは赤ちゃんとお母さんの関係です。保育者の場合は、お母さん代わりとなり、赤ちゃんと保育者という二者の関係を育てることがコミュニケーションの基礎となります。

　赤ちゃんは音をよく聞いています。そこで、赤ちゃんが手を動かしたり笑ったりしたら、大人も反応し、話しかけたり笑いかけたりしてみましょう。すると、赤ちゃんは母親や養育者の反応と自分の反応が結びついていることに気がつきます。これが母子相互作用、コミュニケーションにつながります。

　たとえば、お母さんから赤ちゃんに「あの音なんだろう？」などというように話しかけます。赤ちゃんは「ままま……」と言ったりします。このお話のキャッチボールが相互作用なのです。

　このように、あいづち・表情・言葉などのキャッチボールであるやりとりを通じて、コミュニケーションが成立します。これを繰り返すうちに、母と子の信頼の絆が深まっていくわけです。そのなかで、赤ちゃんには笑顔、動き、考えること、感じること、感動する機会が生まれ、信頼関係が成立します。このような環境をつくりだすことが、親や養育者の役割といえるでしょう。

　相互作用を促し、他者との関係性を育てていくためには、スキンシップ、くすぐりあそび、手あそび、簡単な楽器のやりとりなどが役立ちます。

♪52 しゃぼんだま

シャボン玉の動きはゆっくりです。晴れた日に空に向かって吹くシャボン玉、風のない日は動きがゆっくりで、キラキラ光っていて、とても美しいですね。美しいものを一緒に指さしたり、声を出して感動しているイメージで、きれいだねと話しかけるように歌います。このように共に感動すると、共感する心が育ちます。また、周囲の人も赤ちゃんに感動していることを伝えていくと、人への信頼が芽生えます。

ステップ③

　赤ちゃんからの発信です。赤ちゃんが安心し、愛着が形成されると、もっと多くの他者に向かって声を出したり、モノを指さしたあとに大人の目を見て、共感を求めたりします。自分から「あれを見て」というような表情をしたり、指をさしたりする姿は、とてもかわいらしいですね。赤ちゃんは自分で動き、身体を確かめ、体験することで、周囲の人とのより豊かで複雑なコミュニケーションを学んでいきます。それが表現の原点となるのです。

　このとき、移動範囲や人間関係が広がってきても、つねに母親あるいは保育者など、母なる人に見守られているという安心が原点となっています。この安全の基地に戻ることで、より豊かな表現が育っていきます。

♪30 おもちゃのチャチャチャ

リズミカルに歌いかけながら、子どもの反応を引き出すように工夫してみましょう。ゆっくり歌ったり、速く歌ったり、途中で歌を止めて間をとったりすると、笑ったり表情を変えることがあります。そんなときは「あれ——？　とまっちゃったねえ？」などと話しかけてみます。子どもなりに笑った

り、視線を合わせたりすることで、お互いに楽しめるようになるといいですね。一方通行ではなく、お互いのやりとりから育っていく共感する力です。

話し合ってみよう！

音楽にはコミュニケーションの力があります。好きな音楽について、その理由を少し考えてみることにしましょう。みなさんが一番好きな曲は何ですか？　どんなときに聴きたくなりますか？どうして、その音楽やミュージシャンが好きなのか、友達と話し合い、発表し合ってみましょう。

考えてみよう！

声が好き、歌詞が好き。曲が好きになると、ミュージシャンの生き方や感じ方などすべてが気になったり、尊敬したり共感したりすることもあると思います。よく考えると、それは音楽を通じて、その人の感じ方や考え方を理解し、気の合う友達を見つけるかのように理解することができるからです。音楽には言葉以上の力があり、感じ方や美しいと思うもの、人生の大切な価値などを誰かに伝えることができるのです。

では、子ども同士が挨拶したり、コミュニケーションを楽しめる音楽表現活動を考えてみましょう。子どもと保育者という一対一のコミュニケーション遊びから始まり、3歳前後になってくると友達同士のかかわり合いを促す遊びが楽しいと感じるようになってきます。あまり難しいルールを決めずに、それぞれが楽しめるとよいでしょう。

たとえば
- バラバラに歩きながら、出会った人とハイタッチする
- 好きに歩いて、音楽が止まったら近くの人と握手する

楽譜集にも子ども同士のコミュニケーションを促す曲がたくさんあります。
- ♪2　あくしゅでこんにちは
- ♪6　アルプス一万尺
- ♪9　いっぽんばしこちょこちょ
- ♪11　いもむしごろごろ
- ♪18　おしくらまんじゅう
- ♪21　おちゃらかホイ
- ♪38　くまさんくまさん
- ♪48　さよならあんころもち
- ♪61　たけのこいっぽんおくれ
- ♪82　なべなべそこぬけ

Lesson 6 リズムの力

教育におけるリズム

　私たちが子どもたちと音楽表現の活動を行う際に、リズミカルに行うこと、つまりよいリズムをもって行うことはとても大切です。

　これは単に楽譜を見て様々な音符によるリズムパターンが正確に読めることを指しているのではなく、よいリズムによって働きかけたり、よいリズムを子どもたちが表現することで、注意力・集中力・思考力など子どもたちの諸能力を養うことができるということ、つまり「リズムのための教育」ではなく「リズムによる教育」を行うという意味です。

　リズムという言葉は、もともとギリシャ語の「rhythmos」からきているとされ、さらにrhythmosは「rhein＝流れる」という言葉と関連しているそうです。リズムによる教育とは、1つの場所にとどまるのではなく、時間の流れのなかでスムーズに生きることができる子どもを育てることにつながります。教育の歴史のなかでは古くからリズムが注目され、活用されてきました。

プラトンによるリズム論

　古代ギリシャの哲学者であるプラトンはリズムや音楽の教育における意味について次のように述べています。

> （前略）音楽・文芸による教育は、決定的に重要なのではないか。なぜならば、リズムと調べというものは、何にもまして魂の内奥へと深くしみこんで行き、何にもまして力づよく魂をつかむものなのであって、人が正しく育てられる場合には、気品ある優美さをもたらしてその人を気品ある人間に形づくり、そうでない場合には反対の人間にするのだから。[*4]

　この文章は、プラトンの『国家』という本に書かれたものです。よい市民を育てるにはどうしたらいいのかということについて、プラトンの師であるソクラテスとその弟子グラウコンが話し合い、そのなかで教育においてリズムが重要な役割を果たすという考えが示されています。

　聴いて楽しむためだけに音楽やリズムがあるのではなく、それらは子どもたちの心にしみこんでいき、よりよい人間をつくるために重要な役割を果たすということが、今から2500年も前に語られていたとは興味深いのではないでしょうか？

＊4　プラトン　藤沢令夫（訳）『国家（上）』岩波書店、1979年、pp. 241-242

『エミール』のなかのリズム教育

　『エミール』は、スイスの思想家、ジャン＝ジャック・ルソーによって1762年に著された教育書です。このなかでルソーは、子どもが元々もっている性質を伸ばすことが教育の根本であるとしています。後半にはエミールの妻となる女性、ソフィーが登場しますが、ソフィーの音楽的能力について以下のように書かれています。

> 　ソフィーには生まれつきの才能がいろいろある。彼女はそれを感じているし、それをなおざりにはしていない。けれども、彼女は、いろいろと考えてそれを育てる便宜をあたえられなかったので、きれいなその声で、正確に、じょうずに歌うこと、かわいいその足で、かるがると、容易に、優美に歩くこと、どんな場合にもらくな姿勢で、まごつかないで敬礼すること、そういうことを練習するだけにとどめていた。それに、彼女には、父親のほかには歌の先生はいなかったし、母親のほかにはダンスの先生はいなかった。また、近くにいたオルガンの先生がクラヴサン〔引用者注：ピアノの前身となった楽器〕でいくらか伴奏を教えてくれたことがあるが、その後、彼女はひとりでそれをつづけていた。はじめは、その黒い鍵のうえにうまく手をやることだけしか考えていなかったのだが、ついで彼女は、クラヴサンの乾いた鋭い音が音声をいっそう快いものにすることに気がついた。すこしずつ彼女は和声に敏感になってきた。やがて、大きくなるにつれて、表現の美しさがわかるようになり、音楽そのものが好きになってきた。しかしそれは、才能というよりもむしろ趣味である。*5

　『エミール』は、ルソー自身である「わたし」がエミールという少年を育てていくという筋書きのフィクションですが、そこで述べられていることは「そのようなあり方が望ましい」というルソーの考えなのです。そのため上記のソフィーについての記述も、子どもたちの音楽教育の望ましいあり方を示唆しているものと考えられます。引用した部分を読むと、次のようなことがわかります。

- 子どもは元々、音楽をする能力（才能）をもっています。
- 専門的な教育を受けなくても、生活のなかで音楽的な能力を育むことができます。
- 歌うことは大切です。
- リズムに合わせて動くことが大切です。
- 自分が思った動きをすぐにできることが大切です。
- 音楽やダンスはお父さんやお母さんから習いましょう（家庭的な雰囲気のなかで学ぶことが大切だという意味でしょう）。
- 音楽の活動を楽しみながら続けられるとよいですね。
- 少しずつ続けているうちに、音楽に対する感覚が鋭くなり、その美しさがわかり、音楽を好きになります。

　『エミール』は教師を目指す多くの人に読まれている重要な教育書です。そのような本のなかに、子どもたちと音楽を楽しむことの重要さ、とくにリズムに合わせて動くことの重要さが強調されているのは注目に値します。
　そして何より、子どもたちの生活のなかで身近なものとして音楽やリズムを学んでいく姿が描かれていることが興味深いです。

フレーベルによるリズム教育

　ドイツの教育学者フレーベルは、世界で初めて幼稚園を創立した人物です。フレーベルは『人間の教育』の「第二篇　幼児期の人間」で、子どもの教育に遊戯を取り入れる意義について以下のように述べています。

> 　母親は、規則的な拍子のとれたリズムのある運動によって、腕と手を使ってのいわゆる子どものダンスによって、すなわちリズムのある拍子のとれた音声にあわせたリズミカルな拍子のとれた運動によって、内なる生命を子どもに意識させようとする。こうして、自然のままのほんとうの母親は、子どものなかで微かながら全面的に活動している生命に、全面的にしかもひそかについてゆきながら、その生命を強化し、さらに、奥深いところにまだまどろんでいるより全面的な生命を、次第々々に目覚めさせ、それを発展させるのである。[*6]

　「リズムのある拍子のとれた音声」とは歌を表していると考えられ、これに合わせて身体運動を行うことで、子どもたちの生命を「強化、覚醒、発展」させるものであるとしています。
　「リズムのある拍子のとれた」とあるので、リズムパターンや拍子を形成するアクセントなども意識していたのでしょう。「音声にあわせた」とあるので単に歌いながら身体を動かせばよいというようなものではなく、拍（ビート）などに正確に合わせて行う身体運動を想定していたのではないかと思われます。

リトミックによるリズム教育

　リズムに合わせて身体を動かす音楽教育法である「リトミック」を創案したジャック＝ダルクローズは、次のように述べています。

> 　幼いときから身体機能が力の自由なやりとり、思考と運動能力のさまざまな流れの自由な循環、肉体的リズムと精神的リズムの規則正しい（中略）交代（中略）などに馴れ親しんでいなければ、個人の総合的な能力の均衡（バランス）は、決して得られるものではない。[*7]

　つまり、子どもが幼いときから、様々な強さや長さを使ったリズミカルな動きをしたり、自分で考えたり感じ取ったりしたことを、動いたあとにもう一度、感じ取ったり考えたり、これをリズミカルに行ったりすることによって、バランスのとれた成長ができるというわけです。
　そして、ジャック＝ダルクローズは、子どもがリズムに合わせて身体運動を行うことによって、落ち着き・内省力（自分のことを考える力）・集中力・精神的な柔軟性・社会性などが身につくと考えました。

[*5]　ルソー　今野一雄（訳）『エミール（下）』岩波書店、1964年、pp. 84-85
[*6]　フレーベル　荒井武（訳）『人間の教育（上）』岩波書店、1964年、pp. 86-87
[*7]　エミール・ジャック＝ダルクローズ　山本昌男（訳）板野平（監修）『リズムと音楽と教育』全音楽譜出版社、2003年、p. 225

保育現場で行うリズムを用いた教育

　ジャック＝ダルクローズはリズムを用いた指導を行う際に、教育者・保育者が配慮するべき点として、「時間・空間・エネルギー」を挙げています。

　これはリズムを用いる際に、いつも同じ速さではなく様々な速さで行うこと。また、足や手を同じスペースで動かすのではなく、あるときは大きく動かし、あるときは小さく動かすこと。さらに、いつも同じ強さではなく、あるときは強く、あるときは弱く表現することが必要であると言っているのです。ひとことで言うならばメリハリをつけるということです。

　私たちは子どもたちの音楽表現を考えていくときに、歌唱・器楽・身体運動などの表現のかたちにこだわる傾向があるように思います。しかし、これらすべての活動のなかに含まれるリズムに注目し、リズミカルな活動ができるように心がけることが、よい教育や保育を実施するうえで大切なのではないでしょうか。

２千年以上昔から、教育のなかでリズムが重視されたのはなぜでしょうか？

普段の生活のなかでリズムが活用されている例を挙げてみましょう。

Part II 子どもの発達を生かした音楽表現を学ぼう

Lesson 7　豊かなこころの発達を促す
Lesson 8　ことばとコミュニケーションの発達を促す
Lesson 9　動きの発達を促す
Lesson 10　認知や社会性の発達を促す

Lesson 7 豊かなこころの発達を促す

　こころの発達について学んでいきましょう。「自尊感情（自分を大切にする気持ち）」がキーワードです。こころの発達のなかでも、自分を大切にする気持ち、自分の存在をよいものとして感じるこころを育てることは、子どもの生涯にわたって情緒の安定を促し、他者との信頼関係や対人関係など、子どもの自信や意欲につながります。

　自分で自分を大切に思えない、自分を好きではない、自分に自信のない子もいます。自分を大切にできる子どもに育つよう、こころをゆっくり育てていきましょう。

　赤ちゃんは身体をバタバタと動かし、自分で声を出します。すると、お母さんは赤ちゃんに反応し、「どうしたの？」などと話しかけたり、スキンシップしたり、微笑みかけたりします。お母さんが反応すると、赤ちゃんも自分の発信が母親から返ってくることで、人への安心と信頼を学んでいきます。

　声を出す→お母さんや保育者が抱っこしてくれる→自分も声を出す。このような身近な人とのコミュニケーションを通して、人は相手に気持ちが伝わることを体験していくのです。

　子守唄やわらべうたで、ゆっくり揺らしながら目を見つめたり、さわったりして、子どもの表情を意識しながら歌いかけをします。このようなスキンシップを伴う働きかけで安心感が育ち、自分の存在はよいものであることを赤ちゃん自身が学んでいるのです。

　子どもは年齢によって、少しずつ音楽表現や適した活動が変化していきます。こころの発達を7段階のステージに分けて、考えてみましょう。

年齢によるこころの発達と音楽表現

ステージ	年齢	こころの発達とキーワード		音楽表現で育てたいこと
7	5歳から	責任	自信・貢献	他者と自己の表現の広がり・イメージ
6	4歳から	他者への理解	友達・がんばり	友達と楽しむ・合わせる楽しさ
5	3歳から	指示理解	自制心	順序・歌や楽器の演奏の楽しさ
4	2歳から	意志	気持ちを伝える・仲間への意識	模倣・自分らしい表現
3	1歳から	コミュニケーションの広がり	相互作用・共感	共に楽しむ・やりとり・音の種類の広がり
2	6か月から	探索行動	特定の人への愛着・応答	他者と自己の表現の広がり・イメージ
1	0か月から	人への意識	安心	人の声や心地よい音への安心感

ステージ1　0か月から6か月

この頃の赤ちゃんの特徴
- 生理的微笑から世話を主にしてくれる人への意識的な微笑へ
- 母親や父親など身近な人の認知
- 物音や人の声のするほうを見るようになる

この頃の大切なポイント
- 優しい声かけ
- マッサージのように心地よく
- ゆっくりした動き
- 抱っこしながらの揺れ
- 一緒に歌を聴く
- 一緒に歌を歌う

♪99 **ゆらゆらだっこだっこ**

お昼寝する前や沐浴のあとなどに、抱っこしながらゆっくり歌います。自分がイライラしたり疲れていたりするときも、赤ちゃんをゆっくり揺らしながら歌うと、気持ちが穏やかになってきます。ほかにもゆったりした子守唄や保育者自身が優しい気持ちになれる曲を歌いましょう。

ステージ2　6か月から1歳

この頃の赤ちゃんの特徴
- ハイハイ、つたい歩きなど、移動による探索
- ひっぱる、さわるなど自ら意欲的に動き、共感を求める
- なくなったものを探す
- 親や特定の保育者がいなくなると不安になる
- 振ると音が出る、ひっぱると音が出るなど、簡単な操作で音が出る玩具を喜ぶ

この頃の大切なポイント
- 探索行動を止めないで意欲を引き出す
- 安全な環境を調整する
- 「いないいないばあ」など、人の顔が見え隠れする遊び
- 自分の身体をさわり、動いて自分の身体を理解する遊び
- 泣いたり、「あ―」と声を出すことで、コミュニケーションしようとしている

♪16 **おかあさん**

抱っこして優しく歌いながら、温かく守られているイメージを広げていきます。目を見つめ合ったり、笑い合ったりすることを大切にして育てます。歌に合わせて、ちょっとほっぺたをさわったり、頭をなでたりするとよいでしょう。赤ちゃんが声を出したら、優しく話しかけます。

ステージ3　1歳から2歳

この頃の赤ちゃんの特徴
- じっとせず、立ち上がったり移動したり動き回ることで発達する
- 言葉が出はじめる、指さしなどで盛んに共感を求める
- 指さしや手ぶり、声の抑揚や強さで自分の気持ちを伝える

この頃の大切なポイント
- まねっこ、おいかけっこ
- 自分で何でもやってみたい
- 自分でできる意欲を育てる

歩きはじめの頃は、好奇心がいっぱいです。歩くことで視野が広がり、移動する楽しさを身体全体

で表現する時期です。自分でさわって動いて、何でも自分でしてみたい意欲を止めないようにしましょう。音楽に合わせて楽しく歩いたり、時には走れなくても、走る真似をするだけで大丈夫です。たたいて音が出るものも操作ができるようになってきます。

♪65 だるまさん

この遊びでは、抱っこして揺れながら歌うことができます。また、替え歌をして「あっぷっぷ」で表情を変えたり、スキンシップしながら共感する気持ちと言葉を育てます。「おもしろいね」などと話しかけたり、笑い合ったりすることで安心感と共感する気持ちを育みます。

ステージ4　2歳から3歳

この頃の子どもの特徴と大切なポイント
・自分の意思がはっきりしてくる
・自分の気持ちを相手に伝えようとする
・仲間を意識するようになる
・ストーリー性のあるものや情緒豊かなものを好むようになる

♪5 あめふりくまのこ

この歌はショートストーリーになっています。同名の絵本を見ながら歌ったり、川に見立ててブルーの布を置き、その中に魚を隠して一緒に見るなど、ちょっとした劇にします。あめ、さかな、くまさんなど、歌いながら感動や共感する気持ちを育てるようにします。

ステージ5　3歳から4歳

この頃の子どもの特徴と音楽表現のポイント
一人でも簡単な大人の指示が理解できるようになります。仲間との模倣あそびや表現あそびが最も楽しく感じられる頃です。表現に優劣などつけず、どの子にも自信をつけるように、その子なりの表現を励ますようにします。

♪37 くいしんぼうのゴリラ

くいしんぼうのゴリラがバナナを見つけるユーモラスな歌ですが、感情表現がたくさん出てきます。すっぱい、あまいなど、子どもにわかりやすい表現で大げさに演じ、音楽の楽しさと表現のおもしろさを伝えます。

ステージ6　4歳から5歳

この頃の子どもの特徴と音楽表現のポイント
人からどう見られているかを意識するようになり、がんばる気持ちが出てきます。大人の評価に

も敏感になってきますので、たくさん認めてほめましょう。みんなそれぞれ違う、楽しい表現を促すようにします。

♪75 てをつなごう
仲間と手をつなぎ、一緒にジャンプしたり、大きくなったり小さくなったりすることで、人とかかわる楽しさを伝えます。

ステージ7　5歳から6歳

この頃の子どもの特徴と音楽表現のポイント
自信と責任が感じられるようになってきます。また、リズムや旋律などの聞き分けができます。他人との比較や評価は気にしないで、自分らしい表現を大切にします。

♪8 いちねんせいになったら
小学校への憧れと期待感を育てる歌です。友達を意識したり、年長児になった自分に自信と誇りを感じられるようになります。

話し合ってみよう！

お母さんが赤ちゃんとスキンシップする遊びには、様々なものがありますが、自分が幼い頃に覚えた音楽を通じた遊びやスキンシップ、どんな子守唄を歌ってもらったのか思い出してみましょう。わからない人は家族に聞いてみましょう。子どもとたくさんスキンシップできる音楽活動を友達と話し、発表し合って、たくさんの可能性を共有してみてください。

考えてみよう！

みなさんは、泣いている子どもにどんな歌を歌いたいと思いますか？　どんなことをしたら泣きやんでくれるでしょうか。歌は悲しい気持ちのときも楽しい気持ちのときもこころの友達です。たとえば、♪10「いぬのおまわりさん」には「ないてばかりいるこねこちゃん」という歌詞が出てきます。子どもの歌には泣いている、悲しんでいるという様子をあえて入れることで、共感する気持ちを育てることもあります。
　また、気分が変わるように明るく楽しい歌を歌ってみるとよいときもありますね。こんなふうにするとよいのではないかと考えたら、友達と実際に知っている歌を歌ってみましょう。

Lesson 8 ことばとコミュニケーションの発達を促す

　ことばの始まりは、音の繰り返しあそびからです。やがて子どもは親や保育者に向かって声を出し、口の動きをまねしはじめます。この相互作用がコミュニケーションに発展していきます。

　音楽と言葉はリズム、アクセント、メロディーなど様々な要素が似ています。ことばの意味がわからなくても、舌打ちしたり、リズムをとったり、ことばのイントネーションは音楽のように聴いて楽しむこともできます。一緒に笑ったり、口の動きをまねしたり、さわったり、くすぐったりという活動からも、ことば以前のやりとり関係が発達していきます。

　あそび歌は、音が鳴るところと止まるところで動きを連動させています。音が鳴るところ→動く、音が止まるところ→止まる。こんなリズムのタイミングをつかむことも、ことばを育てる大切な根っこになります。また、舌打ちの音を聞くと、赤ちゃんは、みな一斉にこちらを見ます。新しい聞き慣れない音には敏感に反応し、ことばを育てていきます。

　では、子どものことばの発達の順序を年齢ごとに理解しながら、音楽表現活動について一緒に考えてみましょう。

ステージ1　0か月から6か月未満

　時々声を出して、自分で声を楽しんでいます。ことばを発することができなくても、母親や身近な人の声をよく聞いています。また新しい音にも敏感で、母親や保育者の口元をよく見ています。

♪4 あめがぽつぽつ

擬態音や舌打ちなど、赤ちゃんが興味をもちやすい音声を含んだあそび歌です。「ポツポツ」の静かな感じと「ザーザー」のにぎやかな感じの違いを感じとり、音と動きが止まるときの静けさとの区別をはっきり聞きとることができるようになります。舌打ちが少しできるようになることが目的ではなく、音が口から出ていること、動きを見ることで音や表情と結びついていることがわかるのです。

ステージ2　6か月から12か月

　動きと歌や音楽の関係がわかるようになるころです。期待と異なるリズムや間など、ちょっとした違いに対しても楽しさを感じるようになります。「あ」「ぷ」など母音で聞き取りやすい音をあそび歌のリズムにのせて取り入れることで、ことばの発達を促すことができます。

♪31 おんまはみんな

ハイハイしながら楽しく歌える歌です。「ぱっぱか」など擬音語や擬態語の音やリズムの繰り返しは

覚えやすく、音やことばあそびにも反応します。ちょっと追いかけたり、さわったりすると、笑ってくれることが多いですね。リズミカルな歌は保育者も気持ちが明るく楽しくなりますね。

ステージ3　1歳から1歳半

ワンワン、いないないばあ、ママ、ちょうだい、などことばの意味と使い方がわかるようになります。単語としてはっきりしていなくても、盛んに音で大人の気をひいて伝えようとします。急速に音声の数が増え、単語を覚えはじめます。やりとりあそびを大切にして好奇心を育てます。

♪ あたま、かた、ひざポン
♪102 「ロンドンばしがおちる」のメロディにのせて「あたま、かた、ひざ」と歌いながら身体部位を順番に押さえ、最後にポンと手をたたきます。ことばとして、あたま、かた、ひざと言えることが大切なのではなく、身体部位をさわりながら身体の位置を覚えることがことばにつながっていきます。大人と子どもが一緒にすると楽しめます。

ステージ4　1歳半から2歳

おおきい、ちいさい、ながいなど動作を伴う、わかりやすい表現の入った歌が楽しい時期です。

♪15 おおきなたいこ
太鼓をたたく動作を入れながら、大きい・小さいの概念を学びます。大きい太鼓のところは大きなしぐさや声、小さい太鼓のところは小さなしぐさや声で表現しながら、楽しく歌います。太鼓でなくても、床をたたいたり、音の出るものを両手でたたくと楽しいです。

ステージ5　2歳から3歳

「これ、なあに？」「もっと！」「やだ！」など、自分でする意欲や好奇心が芽生えてきます。「パパ、きた」など二言文が話せるようになり、短い文章の組み立てができるようになります。自分の気持ちの表現もことばでできるようになります。

♪96 やきいもグーチーパー
じゃんけんのグー、チョキ、パーの動作とことばが一致してきます。「あちちのチー」など日常的によく使うことばでは、音の楽しさを強調して遊びます。動作とことばがリズムに乗っていて、覚えやすい仕掛けがいっぱい詰まった手あそび歌をたくさんする時期です。

ステージ6　4歳から5歳

ことばには発達の順序性があります。同じあそび歌でも、年齢によって発音できる部分が少しずつ

増えていきます。また歌の最初のほうから発音できるとはかぎらず、繰り返しの多い部分、フレーズの後ろのほうから発音できるようになることもあります。

♪86 ぶんぶんぶん

「ぶんぶんぶん」の繰り返しのフレーズはとても覚えやすく人気があります。また、「ひげじいさん」などの手あそび歌は動作もリズミカルですから、最初はゆっくりと、ていねいに繰り返し行います。動作もひげ、あごなど部位が細かくなっています。歌詞も、繰り返しのフレーズから少しずつ歌えるようになってきます。

♪61 たけのこいっぽんおくれ

子どもをたけのこに見立てながら、コミュニケーション。対人関係も育てます。

ステージ7　およそ5歳から6歳

♪88 ぼうがいっぽんあったとさ

絵描き歌です。画用紙だけでなく、曇りガラスや砂地などに指で友達と一緒に描いても楽しいです。「ぼう」で線をひっぱったり、葉っぱの形などを書きながら、ことばも覚えることができます。かえる、三角定規など、言語・数字・空間の概念がたくさん出てきます。

ことばの発達を促す音楽表現活動にはどのようなものがあるでしょうか。

考えてみよう！

自分の知っている歌のなかで、繰り返しの音がたくさん含まれているものはありますか？　思いついたら友達と意見交換してみましょう。

＋プラスワン4　ことばの発達は発語だけではない

単語が言えるかどうかは発達の目安としてわかりやすいので、つい単語を教えようとしてしまいますが、言葉はバーバルコミュニケーションだけではなく、ノンバーバルコミュニケーションも大切です。指さし、泣く、「あー」と声を出す、ひっぱる、怒るなども、言葉ではないけれども、子どもにとっては大切なコミュニケーションです。

Lesson 9 動きの発達を促す

　動きは、子どもの脳・神経の発達に欠かせないものです。子どもは動きながら様々なことを学びます。寝返り、ハイハイ、立って歩く、これらの運動によって、子どもは自らの行動範囲を広げていきます。新しい動きができるようになることは、子どもにとっては挑戦と冒険なのです。新しい運動の獲得を勇気づけ、促進するのも音楽表現の力です。動きもまた、一人一人発達のペースが違っています。ほかの子どもとの比較ではなく、それぞれのペースを大切に育てましょう。

　音楽表現と動きは密接にかかわっています。手をパチンと合わせると音が出ます。音を出そうとすれば、自然に動きも育っていくことになります。リズム感のある軽快な音楽が流れると、子どもは自ら身体の動きを大きくしたり、声を出したりすることもあるでしょう。激しい動きを繰り返す子どもに静かな音楽を流すと、動きが治まることもあります。音楽と動きの関係もよく理解していると、子どもの運動の力を引き出すことができるのです。

　では、子どもの動きを引き出す音楽には、どんなものがあるでしょうか。まず、抱っこして軽く揺れながら、スキンシップを楽しんでみましょう。揺れるという動きには、子どもの脳の発達を促す大切な要素が含まれています。

動きを育てるために大切にしたいポイント
- 動きを大切に音楽をつける
- 無理にじっとしたり座ったりする活動は避ける
- 立つ、転がる、ジャンプなど大きな動きを大切に
- お気に入りの遊びや歌を繰り返す
- 抱っこなどスキンシップを多く入れる

ステージ1　0か月から6か月未満

　仰向けで手足をバタバタ動かす、首がすわる、やがて寝返りができるようになってきます。この時期は大きな動き、手足を動かす小さな動きなど多様な動きを誘うようにしましょう。抱っこしながら、ゆっくり揺らしたり、姿勢の変化を楽しみます。

♪71 ちょちちょちあわわ

模倣と協応動作の両方を育てる、優れたわらべうたです。最も難しい部分は「とっとのめ」です。右手と左手の動きが異なる運動は、赤ちゃんにとって高度な動きです。最初のうちは手を軽く持って一緒にマッサージ感覚で行いますが、やがて一人でできるようになってきます。「とっとのめ」ができるようになったら、この遊びは卒業ですね。

ステージ2　6か月から1歳

　ハイハイが始まり、移動運動を楽しむ時期です。伝い歩きもできるようになってきて、寝ていた姿勢から歩行の姿勢へと移行していきます。バランスが育つと手が自由になってきますので、手あそび

もまねができるようになります。両手をぶらぶらしたり、ぐるぐる回したり、回転させる動きは、脳の発達を促します。

♪39 げんこつやまのたぬきさん

この歌の右手と左手を重ねる動きは、とてもよい運動です。正確にできるようになることにより、同じリズムや音の繰り返しあそびができるようになります。

この頃の遊びのポイント
- 身体の様々な部位（頭、肩、お腹、鼻など）が入った遊び
- 動く・止まるのおもしろさ
- まねっこあそび
- スピードを変える

みなさんも、赤ちゃんと触れ合い、音楽あそびや活動をしてみましょう。どんなことをすると笑ったり反応するか、話し合ってみましょう。友達にその体験を伝えてください。

ステージ3　1歳から2歳

1歳を過ぎた頃から、歩行が始まります。2歳までのあいだに、階段、坂道、ジャンプなど、次々に変化のある動きができるようになってきます。何かを押して歩いたり、走るまねをしてスピードを味わったりすることが楽しい時期です。

この頃の遊びのポイント
- はっきりしたリズム感
- 動く・止まるをはっきり
- ジャンプ
- ひざの上で自分で揺れる
- 歌を歌う
- 身体全体で音楽やリズムに合わせる
- 上下、左右の動き
- 大きいと小さいの区別
- はっきりした発音、豊かな表情
- 高い声・低い声など、抑揚をはっきりつける

●からだあそび「ぶらぶらぶらら、ぱーとん」

力を入れたり、リラックスしたり。自然に力の入れ方や抜き方を楽しみます。

①「ぶらぶらぶら」で手首を振って、力を抜きます。
②「ぱ――」で両手を前に出して、緊張させます。ここでは力を入れます。
③「とん」で両腕の力を抜きます。

＊この遊びを両腕だけから、全身の表現あそびに発展させてみましょう。「ぶらぶら」で全身をぶらぶらさせて、「ぱー」で全身を緊張させ、「とん」で全身の力を抜きます。

♪92 むすんでひらいて

手をぎゅっと握ったり、開いたりします。ここでは力をぎゅっと入れる感覚を、保育者の動きを模倣しながら学びます。この歌は緊張させる動きが多いので、そのあとに「ぶらぶら、とん」など力を抜く動きが入るといいですね。

ステージ4　2歳から3歳

音楽に合わせて動く、止まる、走る、つま先で歩く、ジャンプする、など多様な動きができるようになります。ボールやスカーフなどを使った音楽表現やイメージ表現も伝わるようになってきます。

この頃の特徴	音楽表現のポイント
・自分のしたいことに夢中になる	・身体の動きや手の動きに音楽やリズムを合わせる
・ごっこあそび	・繰り返しの多いリズムや音楽
・ジャンプする、走る	・擬態語や擬音語を多く
・自分の思いどおりに行動したくなる	・大きな手振り
	・はっきりした発音、豊かな表情

♪62 たけのこめだした

たけのこをはさみで切るという動きを両手チョキでタイミングよくやってみます。動きはシンプルでリズムを楽しめるようになります。

♪101 ロケットにのって

リズムにのってロケットが飛び出し、自分のいた位置に戻るという動きと空間認知を理解することができます。この頃になると、子どもは自分の場所(パーソナル空間)がわかるようになってきます。

ステージ5　3歳から4歳

階段を上る・下りる、片足で立つ、ケンケンやピョンピョンが楽しい時期です。ボールを蹴ったり、滑ったりとバランスやモノを使った運動が可能になってきます。

この頃の特徴
・子ども同士でごっこあそびをする
・役割や関係が理解できるようになる

♪11 いもむしごろごろ

しゃがみながら、つながって歩くのが楽しい頃です。人につかまり歩く動きでバランスが発達します。

♪14 おおきなくりのきのしたで

あたま、かた、ひざという基本的な動きに加えて、他者を意識した表現や右手と左手のクロスという動きが出てきます。これは交差性運動といい、4歳前後でできるようになります。

ステージ6　4歳から5歳

♪26 おはなしゆびさん

右手と左手の親指、人差し指、などと順番にくっつけて遊びますので、指の細やかな動きを促すことができます。

この頃の特徴
・モノの使い方や特徴がわかる
・目的のある試行錯誤

ステージ7　5歳から6歳

♪33 かたつむり

右手と左手の指が交差する遊びで、歌に合わせて行うのはかなり難易度が高いです。右手と左手の動きが同じ、左右対称、左右が異なる遊びというように難易度が変わります。左右の協調性を促す手あそびはたくさんありますが、楽しみながら手指の発達や手首の回転運動なども促すことができます。

Lesson 10 認知や社会性の発達を促す

　子どもは楽しい音楽表現を通じて、数や色、形、空間認知などを自然に学ぶことができます。また、相手とやりとりあそびや音楽あそびをしているうちに、思いやりや順番を守ること、協力などの社会性も自然に学んでいきます。

　たとえば、♪57「せんべせんべやけた」というわらべうたは、歌い終わったときにちょうど当たった人の手のひらをひっくり返すという単純な遊びです。歌に合わせて、ポインティングといって一対一で対応する数合わせの概念を学ぶこともできますし、単純なルールを守ることで楽しめます。このような昔からあるわらべうたのなかにも、順番やルールなど認知や社会性を育てる力が含まれているのです。

ステージ1　0か月から6か月未満

　人の顔や音のするほうを見る、光るものや動くものに対して追視する（目で追う）ようになります。目で見たものや音の出るものを手でさわったりすることを繰り返すうちに、空間や距離の概念が発達していきます。そして、何より大切なのはスキンシップです。無理しないように音楽やリズムで、人とかかわる楽しさ、身体部位やリズムなどを伝えるようにします。

♪72 でこちゃんはなちゃん
赤ちゃんは手足をさわったりマッサージしてもらうことで、身体の輪郭や皮膚の感覚が育ってきます。楽しい歌あそびに合わせて言葉と皮膚の刺激を繰り返すことで、おでこ、ほっぺ、鼻など、自然に身体部位が意識できるようになります。

ステージ2　6か月から12か月

　「いないないばあ」など人の顔の記憶、色、形などイメージがわかるようになります。まねっこあそびができるようになり、そのおもしろさが共有できるようになります。顔を隠したり、かくれんぼのまねをしてから顔を見せると、よく笑うようになります。これは記憶などの認知が発達してきたからなのです。

♪87 ペンギンちゃんのやまのぼり
遊びや歌によるマッサージを身体全体へと広げていきます。身体の部位も腕、足など、言葉かけと共にわかりやすく、やりとりあそびをします。速い・ゆっくりなどの違いをつけたり、「すーっと」「と

ことこ」などの擬態語などは気持ちの共有がしやすいです。速さやスタート、ストップなどの変化を喜び、変化を期待して待つようになってきます。

ステージ3　1歳から1歳半

　大きい・小さいなどの概念も理解できるようになります。くっついたり、離れたりする遊びや回るなどの動きを含んだ歌あそびや表現が楽しい頃です。自らハイハイしたり、立ったり、移動したりすることが楽しくてたまらない時期です。動きを促すように範囲を広げていきましょう。

♪24 25　おはながわらった
手をつないで輪になり、大きな輪や小さな輪をつくって遊びます。大きい・小さいなどことばだけではなく、身体を大きく使って動き、言葉を発することで、概念を理解できるようになります。みんなと同じにするのは難しく、それぞれに移動を楽しみたい時期ですから、楽しい雰囲気を味わうことを大切にしましょう。

ステージ4　1歳半から2歳

　自分の名前がわかり、呼ばれると返事をしたり手を挙げたり、ほかの人の名前あそびもできるようになります。単純で楽しい遊びを繰り返し行うことで信頼関係を育てています。「いちにのさん」「とまれ」などの簡単な指示や繰り返しリズムが楽しい時期です。大きく、はっきりした身体模倣ややりとりあそびを楽しめるようになってきます。

♪38　くまさんくまさん
向かい合って同じアクションをしたり、握手したり、素朴で楽しい遊びです。一対一でも、輪になってもよいですね。両手を上げる、ジャンプするなど、簡単な活動が適しています。

ステージ5　2歳から3歳

　自分と他人の区別がつき、やりとり関係が多くなってきます。自分の気持ちもはっきりしてきて、意志を通そうとします。ひっぱったり、譲ったりと、やりとりしながら対人関係が育ってきます。

♪2　あくしゅでこんにちは
移動して、こんにちは、握手など、社会性や協調に結びつく活動を楽しみながらできるようになってきます。歩く、走る、止まるなど様々な動きを取り入れて、対人関係を広げていきましょう。

♪56　せんせいとおともだち
保育者と握手やスキンシップを楽しみます。

ステージ6　3歳から4歳

♪102 ロンドンばしがおちる

二人組になって、タイミングよく橋を落とします。捕まった子も楽しいですし、橋役の子も楽しい遊びです。歌いながら橋の下をドキドキしつつ通る体験も、対人関係や人との関係性を育てていきます。フレーズの切れ目を自然に意識できるようになります。

ステージ7　4歳から5歳

♪6 アルプス一万尺

二人組になり、アルプス一万尺のリズムに合わせて、様々な手拍子の組み合わせを楽しみます。手首の運動や交差性運動といって、右手と左手の協応性を促す複雑な動きがたくさん入っている手あそび歌です。速さもゆっくりから速いテンポまで調節できますし、相手に合わせて調節することも大切な対人関係スキルになります。就学前の子どもに人気がある遊びです。

♪55 すうじのうた

10までの数字を歌いながら概念形成します。

♪76 でんでらりゅうば

輪唱はとても楽しい音楽表現です。グループを2つか3つに分けて、動きのある楽しい曲で挑戦してみましょう。順序性や認知の力を育てることができます。

理論編

　このPartでは、配慮が必要な子どもの理解と音楽表現について考えてみましょう。現在は障がいのあるなしにかかわらず、すべての子どもを包括的に保育・教育するインクルーシブ教育へと移行しています。インクルーシブ教育では、最初から障がいのあるなしを分けず、地域に様々な子どもがいてこそあたりまえで自然であるという考え方を大切にしています。

　みなさんはこんな子どもに出会ったことはありませんか？
・ほかの子どもたちが大勢いる場に入れない
・ただじっと見ているだけで参加しない
・ほかの子どもたちと一緒にする活動にのってこない
・ずっと動きまわっていて、落ち着きがない
・楽器の音や大勢の人の声を嫌がる

　文部科学省が2022（令和4）年に実施した「通常の学級に在籍する特別な教育的支援を必要とする児童生徒に関する調査」では、小学1年生で約12.0％の児童が支援を必要としています。乳幼児期、家庭・保育所・幼稚園・認定こども園などにおいても、1割強の子どもが同年齢の子どもと同じ活動ができない、集団適応に時間がかかっていると推測されます。

　集団適応に時間がかかる子どもには、次のようなタイプがいます。

自分の世界や自分のルールを守るタイプ
・自分なりのこだわりがある
・あいまいな指示を言葉だけで理解・表現するのが難しい
・不器用で動きがぎこちない
・新しい場所を怖がる
・予定を変更すると混乱する
・人の気持ちや自分の気持ちの理解が難しい
・会話が一方通行

ほんとは音楽や絵の才能があったり、優れた感性の持ち主であることが多い

不安でよく失敗するタイプ
・時間が守れない、勘違いが多い
・忘れものが多い
・新しいことには緊張して失敗してしまうことが多い

ほんとは繊細で優しく、思いやりのある子が多い

よく動き回り衝動的なタイプ
・じっとしていない、よく動き回る
・新しい場面などでは興奮して、モノをさわってしまう
・よく話すが一方的で、人の話は聞いていない
・整理整頓ができない

ほんとは好奇心旺盛でエネルギッシュ、創造力豊かな子が多い

※ ASD（自閉スペクトラム症／自閉症スペクトラム障害）、ADHD（注意欠如・多動症／注意欠如・多動性障害）など、発達障害及びその疑いのある子どもの支援について詳しく学ぶには、『障害児保育ワークブック』（星山麻木編著／萌文書林刊）を参照。

音楽表現は支援や配慮の必要のあるなしにかかわらず、どの子どもにとっても自尊感情を高め、自分の存在がよいものであること、自分の感情を受け止めてもらえる誰かがいることを学ぶためにある活動です。発表会や劇などで出来栄えに力点を置くと、集団が苦手な子どもは参加できない子どもが多くなります。また、それを見ている親も辛いものです。子どもの良いところを引き出す表現活動にしたいですね。

　そこで、配慮を要する子どもに対する音楽表現活動のポイントを整理してみましょう。

配慮が必要な子どもも参加しやすい音楽表現のポイント

〈活動内容〉
* 金属音や特定の大きな音など、嫌がる音はないか（聴覚過敏のチェック）
* 合奏や劇などの活動は演出を工夫する
* 優れたところを引き出せるような台本や演出にすると、お互いのよさを引き出せる
* 全員同じことをする活動を避ける
* 全体の流れや時間配分を配慮する
* ペンタトニックや即興表現などを取り入れる
* ストーリーや楽曲が決まった活動はなるべくしない
* 配慮を要する子どもが多い園では、その場で考えて発表するなど、ワークショップにする
* 異年齢の子どもとの音楽表現活動を多くする
* 親子ワークショップなど共に楽しむ形式の表現活動を多く入れる

〈活動前〉
* 活動の流れを先にわかりやすいように絵や写真などで伝えておく
* ほかの子どもより先に練習しておく
* 人の集まる場所、音がたくさん出る場所が嫌いな子どもには静かに参加できる空間を準備しておく
* 同じ年齢の子どもの集団ではなく、異年齢の集団による音楽表現にする

〈活動中〉
* 無理に輪のなかに入れようとせず、自然に誘いかけ、慣れるまで待つ
* 部分的に参加することから慣れるように促す
* 配慮を要する子どものなかには音楽や表現の優れた才能がある子どもが多いが、一人一人に合った表現にする
* 指導者や保護者の都合や要求で振りまわさない
* 子どもの気持ちを尊重する

Lesson 11　歌う&演奏する

歌う

　みなさんは歌は好きですか？　楽器がなくても、私たちの最も身近にある音楽は歌ですね。楽しいとき、悲しいとき、私たちは歌を聴いたり歌ったりすることで、元気になったり慰められたりしています。

　子どもは何歳頃から歌えるようになるのでしょう。赤ちゃんは自分の声を出しては声の抑揚（イントネーション）やリズムを聞いています。同じように聞こえる「あー」であっても、よく聞いていると、いろいろな声の高さや大きさ、タイミングなどを上手に使って自分の意志を伝えようとしています。それは、同じ音声であっても、まるで旋律のようです。「あー！」と強く言えば、お母さんや保育者は赤ちゃんが強い要求を出しているように感じますし、「あ〜？」という声は、まるで何かを聞かれているような抑揚なので、「なあに？」と答えたくなります。

　このように子どもは声の抑揚、リズム、間のとり方などを変えて、自分の気持ちが相手に伝わることを理解していくのでしょう。声が旋律やリズムの多様なパターンへと応用されていき、やがては音の高低の違いから旋律へとつながっていくのかもしれません。

　子どもは調子のよいリズムによく反応します。歌うために必要とされる、自分の声の高低を自分の意志のとおりに合わることができるのも、発達の一つです。最初はゆっくり、のんびりした音の違いを認識し、自分の声も合わせられるようになってきます。そこで、声の出やすい音から旋律がゆるやかに上下するような「わらべうた」が子どもにとって適している曲ということになります。

　「わらべうた」は日本だけではなく、世界中にあります。ハンガリーの作曲家コダーイ（Kodály Zoltán：1882-1967）は、わらべうたあそびの原型である、民族や文化をベースとした音階や遊びを重視していました。「うた」には、それぞれの民族が独自にもっている音階や歌いやすい音声、節回しなどが多く含まれています。世界中に多くのわらべうたや子守唄がありますが、不思議なことに、どの国の「わらべうた」も子どもが歌いやすいように、主音からゆるやかに上下に旋律が動く曲が多いのです。

　日本のわらべうたの多くは、主音が「ラ」です。この主音からゆるやかに旋律が上下する曲が子どもにとっても歌いやすいようです。たとえば、だれかを遊びに誘いたいときに歌うように唱える「〇〇ちゃん　あそびましょ」。これを旋律に乗せて音名を付けると、「ラソソラ　ソラララソラ」となります。よく見ると、主音の「ラ」から始まり「ソ」に行ったり来たりして、また「ラ」に戻って終わりになっています。

♪❾「いっぽんばし こちょこちょ」はどうでしょう。「ラララソソ ララララ」これも、「ラ」と「ソ」2つの音を行ったり来たりして、あとはリズムの変化で旋律になっています。わらべうたは、だれにでも覚えやすく歌いやすいことが特徴なのです。

では、このわらべうたの特徴から、子どもにとって歌いやすい歌とはどんなものなのか考えてみましょう。

- 主音から行きつ戻りつしながら、順次進行する曲（旋律がなだらか）
- 旋律の音の動きがゆっくり
- うまい下手は関係なく、動きを伴い楽しみながら歌える
- 発音しやすい母音など、わかりやすい日本語
- 繰り返しが多く、旋律が覚えやすい

みなさんは「ひげじいさん」という手あそび歌を知っていますか？ 子どもはどの旋律から歌えるようになるのでしょうか。実は「とんとんとん」という繰り返し音から歌えるようになります。擬態語・擬音語（オノマトペ）、繰り返しやリズムの楽しいものなどは、子どもの意欲も引き出せ、歌いやすいのです。♪❶「アイアイ」も歌いやすい繰り返しの音からスタートしていますね。

オノマトペで遊ぼう

子どもは擬音語や擬態語が大好きです。歌うときも同じ音の繰り返しなので覚えやすく、声も出しやすいので、効果的に使うと、楽しみながら音楽表現することができます。

シューシュー、ふわふわ、ドキドキ、パラパラなど、擬音語や擬態語のことを「オノマトペ」ともいいます。オノマトペを意識すると音楽表現のおもしろさとその世界が豊かに広がります。ぜひ、みなさんもオノマトペに親しみ、音楽表現に取り入れてみましょう。

オノマトペと動きは近い関係にあります。動きの分析で高名な研究者はルドルフ・ラバン（Rudolf von Laban：1879-1958）です。ラバンはダンスをはじめとする人間の動きを記号で表現することを確立しました。動きには、直線・曲線などの方向、速度、流れ、重さなどの要素があります。それらを表すオノマトペは音楽表現にも役立ちます。

- 落ち葉がパラパラと落ちる。
- ボールがコロコロと転がる。
- 羽がふわふわと落ちてくる。
- 手がネバネバしている。
- 粉雪がサラサラ降ってくる。

オノマトペの部分を音あそびで強調したり、動きで表現します。オノマトペあそびをするときには、モチーフ（素材）を使うと楽しいです。パラパラのときには、葉っぱや紙などを落としながら声を出したり、ふわふわのときには柔らかい布を使って表現したりというように、実際の体験と音・音楽が結びつくと、より豊かな表現が生まれます。♪❸「あぶくたった」にはムシャムシャというオノマトペが出てきますね。

演奏する

　楽器の演奏は楽しいですね。子どもが親しむ最初の楽器は軽くて、持ちやすく、安全であること。なめたり、踏んだりしても衛生的で丈夫な楽器がよいですね。軽く振ったり動かしたりすると、すぐ音の出るものが適しています。0歳児であっても、小さなマラカスや振ると音の出るボール、鈴、太鼓など楽しむことができます。

　親や保育者が子どもの手を取って動かしたり振ったりする様子を見かけますが、音楽表現は自分で音を楽しみ感じることから、スタートすることにしましょう。最初は、音がどうやったら出るか、どんな音が出るのか、子どもが自分で発見できるように声かけをしていきましょう。

手作り楽器であそぼ

　ペットボトルにお米やマカロニなどを入れて、しっかりふたをしてテープで止めれば、手作りマラカスのできあがり。ペットボトルの種類や中に入れるものを変えれば、音も変わってとても楽しいです。みんなで演奏会をして音楽表現することができます。

　万が一こぼれても大丈夫なように、マカロニなど固くてぶつかると音の出る乾燥食品を入れると、見た目も楽しく、楽器作りをするところから楽しむことができます。

　食品用ラップやアルミホイル、トイレットペーパーの芯を利用し、色テープなどを巻きつけてスティックを作ることもできます。床をたたいたり、木の台などをたたいても、よい音がして楽しい楽器ができあがります。

ペンタトニック

　ペンタトニックは、レミソラシの五音階からなっており、子どもがどの音を出しても美しく響きます。旋律を正しい音で出すことを練習する前に、ペンタトニックで音楽の楽しさを知ると、間違えることなく音楽表現することができます。

　鉄琴や木琴などの鍵盤を1つ1つバラバラにして、各人がそれぞれの音を担当したり、レミソラシの五音階ペンタトニックの音だけにすると、美しい響きで音楽ができあがるように、子ども主体の音楽表現を提唱したのが、カール・オルフ（Carl Orff：1895-1982）です。

　オルフは、様々な楽器を工夫し、楽譜にこだわらない図形などを使用した記譜法を使って、子どもたちに即興演奏やのびのびと楽器を演奏する方法を多く考案した優れた教育者で、世界中で実践されています。

　民族楽器のなかにも同じようなアイディアで、最初から一人が1つの音を担当する楽器もあります。インドネシアにはアンクルンという楽器があります。

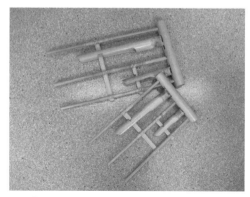

アンクルン

この楽器では、ペンタトニックで子どもに１つずつ渡します。あとは子どもがアンクルンを持って振るだけで、美しい和音を出すことができます。

　トーンチャイムやハンドベルなども、旋律にして間違えないように練習する前の段階では、ペンタトニックで即興的旋律やハーモニーを楽しむと、異年齢の子どもでも安心して演奏することができます。

楽器であそぼ

　乳幼児が安全で楽しく表現できる楽器を書き出してみます。いくつ知っていますか？　そして、どんな音がするのでしょう？　さあ、みなさんも探してみましょう。

カスタネット、トライアングル、タンバリン、マラカス、ハンドドラム、太鼓、鈴、アンクルン、エナジーチャイム、ウィンドチャイム、レインスティック、トーンチャイム、オートハープ、箱だいこ、笛……

たまごマラカス
卵の形をした小さなマラカスで、振ると優しい音がします。転がしても音が鳴りますので、楽器を演奏するという概念が育っていなくても、転がしたり振ったりしているうちに音を出す楽しさを学ぶことができます。

ウィンドチャイム
わずかな風で揺れるだけで美しい音がするチャイムは、欧米では玄関先などにつるしてあります。日本でいう風鈴のような感じです。チャイムには小さいものから大きなものまで、様々な種類があり、大きなチャイムは音色も重厚です。わずかな力で大きな音が出ます。よく響くので、そっと鳴らすと、よい音がします。

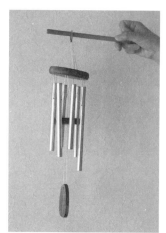

レインスティック
サボテンの中に小砂を入れて作ったものが原型といわれています。現在では、様々な材質・長さ・音色のものがあり、プラスティック製で、さらさらと中をビーズが流れる様子がわかるものも市販されています。民族楽器店などでも、よく見かけます。水の流れるような、心の落ち着く音色を楽しむことができます。

オーシャンドラム

波の音を出すことができるドラムです。ゆっくり臼を回すようにドラムを揺らすと、波の音が出ます。

トーンチャイム

軽く前に押し出すように振るだけで、非常に美しい響きがするチャイムです。音楽療法でよく使われ、近頃では幼稚園・保育所・認定こども園などでも見かけるようになりました。重く、投げると壊れてしまいますので、おおよそ4歳以上が適しています。重厚な響きで、ペンタトニックで演奏するのに適しています。

オートハープ

ピアノが弾けなくても、アルファベットのコードを押すだけで自動的にコードが弾けるハープです。音色も響きも大変美しい、本物のハープです。子どもはピックや指で弦をはじくだけで音が出せますので、弦楽器の響きを体験することができます。弦は水に弱く、子どもが濡れた手でさわったりなめたりすると錆ついてしまいますので、おおよそ4歳以上が適しています。ピック代わりにスプーンなどを使って弾くこともできます。

季節のうた
行事や虫、動物など、季節に応じて情緒豊かに歌いましょう。

1月	♪19 おしょうがつ	10月頃	♪41 こおろぎ
2月	♪90 まめまき		♪66 67 ちいさいあきみつけた
3月	♪13 うれしいひなまつり		♪89 まつぼっくり
	♪29 おもいでのアルバム	12月	♪7 あわてんぼうのサンタクロース
4月頃	♪69 チューリップ		♪28 おほしさま ♪54 ジングルベル
	♪93 めだかのがっこう		
5月	♪40 こいのぼり		
6月	♪32 かえるのがっしょう		
	♪33 かたつむり		
7月	♪63 たなばたさま		

生活のうた
歌は気持ちを切りかえたり、楽しくワクワクした気分になったり、生活の場面でも効果的ですね。

遠足など食事前に ♪27 おべんとう
片づけるときは ♪17 おかたづけ
さよならのときに ♪48 さよならあんころもち

Lesson 12 リトミック

リトミックとは

　リトミックは、スイスの作曲家・音楽教育家であるエミール・ジャック＝ダルクローズ（Émile Jaques-Dalcroze：1865-1950）によって創案された音楽教育法です。音楽に反応して歌ったり、身体運動を行うことにより注意力・集中力・思考力を伸ばし、創造性や社会性を高めることをその目的としています。

●日本の教育・保育におけるリトミックの活用

　「Lesson1 領域「表現」と音楽表現」でも参照しましたが、幼稚園・保育所・認定こども園で行うべき「表現」の活動の内容として、「感じたこと、考えたことなどを音や動きなどで表現」すること、「自分のイメージを動きや言葉などで表現したり、演じて遊んだりする楽しさを味わう」ことなどを通して、子どもたちの豊かな感性や表現する力を養い、創造性を豊かにすることが大切とされています。

　これらのことは、以前から行われてきた歌唱・器楽・遊戯だけでは十分に行うことができないため、リトミックによる指導を併せて行うことが有効だと考えます。

　日本の教育・保育現場へは小林宗作（1893-1963）、天野蝶（1891-1979）らによって取り入れられ、現在では「日本ダルクローズ音楽教育学会」によって研究がなされると同時に、「リトミック研究センター」「全日本リトミック音楽教育研究会」などの団体によりその普及が図られています。

プラスワン1　リトミックの創案者、ジャック＝ダルクローズ

　ダルクローズは27歳のときスイスのジュネーヴ音楽院の教授になり、プロの演奏家や作曲家などを養成する仕事をすることになりました。しかし、しばらくすると専門家だけに音楽を教えることや、教える内容も音楽の美しさを感じ取ることよりテクニックが重視されることなどに疑問を感じたため、その職を離れ、ドイツのヘレラウという町に設立された「リトミック音楽院」に学院長として着任し、身体の動きを活用した音楽教育法であるリトミックの普及に努めました。

　1913年からは再びジュネーヴに戻り、市の援助を受けて創設されたジャック＝ダルクローズ研究所で、リトミックの普及とその指導者育成にあたりました。

　ダルクローズの教育観は音楽教育にとどまらず、特別支援教育や舞踊教育、健康を増進させるための教育など多様な側面をもち、幅広く人間の諸能力を伸ばしていこうとするものです。

リトミックの3つの要素

リトミックは①ソルフェージュ、②リズム運動、③即興的な活動の3つの要素からなり、これらを連動させながらバランスのとれた指導となることを目指します。

①ソルフェージュ

「ソルフェージュ」という言葉はもともと、音にドレミなどの名前をつけて歌うことを指すのですが、子どものために教育・保育のなかで行われるソルフェージュには、音あそび、聴き取り、歌うこと、記譜と読譜、歌唱などが含まれます。

音を聴き取ることで注意力や集中力が養われ、歌うことで仲間の声と自分の声が響き合うことの楽しさや歌唱の楽しさを感じ取ることができるようになります。また、音にドレミを付けて歌う階名唱によって、将来の音楽学習の基礎を築くことができます。

②リズム運動

リズム運動は主に音楽に合わせて歩いたり、走ったり、または手や腕などの上半身も用いて様々な表現を行う活動です。様々なテンポや強弱、アクセント、拍子、リズムパターン、フレーズなどに合わせて動いていきます。

これらの活動のねらいは上手に、きれいに動くということではなく、動くことによってより強くその音楽を自分自身に印象づけること、感じ取ることです。

単に聞いているときには「なんとなくゆっくりな音楽だな」くらいにしか感じなくても、これに合わせてステップしてみれば「足を大きく前に出して表現しなくては」「ぐらぐらしないようにバランスをとったほうがいいな」などと強く感じ取ることができます。

さらに、様々に変化するリズムに合わせて身体を動かすことで、自分自身の身体を思ったようにコントロールすることができるようになります。

指導例 ●みんなで行進！

①子どもたちが自由に歩き回ることのできる広さの部屋で、CDなどで音楽をかけて、みんなでビートに合わせて歩きます。
②途中でファシリテーター（ガイド役）が「ストップ！」と言ったら止まります。「ゴー！」と言ったら、また歩く。「ハイ！」と言ったら方向転換して、これまでと違う方向へ歩きます。

この練習の最も大切なポイントは、よい曲を選ぶということです。ノリがよくて楽しい音楽を選びましょう。ファシリテーターが楽器演奏に自信があるならば、その演奏に合わせて行うこともできます。しかし、あまり自信がない場合にはCDなどの録音された音楽を使用しましょう。

ヒップホップミュージックの分野ではDJと呼ばれる演奏家がいて、彼らは多くの場合、自分で演奏するのではなく録音された音楽を次々とかけていくことを仕事としています。楽器を演奏する人たちから見ると、「あれじゃ演奏とは言えない！」ということになりますが、ライヴの会場やクラブなどでは「よい雰囲気の音楽を絶好のタイミングで聴かせてくれる人」という評価を受けているようです。私たちもリズミカルで楽しい曲を選んで、子どもたちに人気のリトミックDJになりましょう。

③即興的な活動

　子どもが自分のイメージしたことを動きで表現したり、自分で考えたリズムを打ったり、メロディーを歌う活動です。子どもの音楽学習として広く行われてきた、すでにある音楽、要は誰か別の人がつくった音楽を歌うことや楽器で演奏することは、模倣、つまりまねをする活動です。もちろんこれらも大切な音楽学習の側面の一つではありますが、本当の意味で創造的な活動と併せて行われる必要があるでしょう。

指導例　　　　　　　　　　　　　　　　　　　　　　　●いろいろなお花

① ♪24 25 「おはながわらった」をみんなで歌いましょう。歌いながら２歩ずつ歩いて、歌詞「わらった」の部分で自由にお花の形をつくります。両手でお花の形をつくってもよいですし、片手あるいは身体のほかの部分をお花にすることもできます。１回歌うと６輪のお花をつくることになります。

② 次に、ファシリテーターは「毎回違うお花をつくってください」と言います。背の高い・低いお花や大きな・小さなお花など様々なやり方があることを示しましょう。

③ 途中で歌を止めて、子どもたちがつくったお花をみんなで見ます。「きれいなお花だね」「（一人の子どものお花を指さして）これはどんな感じかな？」などと話し合いをします。

　以上は身体による表現を即興的に行う例ですが、歌に合わせてリズムにのって行うため、リラックスして様々なアイディアが出てきます。「あっ、おもしろいお花が咲いていますよ」と、子どもたちの表現に気づいて、受け止めることが大切です。

Lesson 13 音楽療法＆リラクセーション

　音楽療法は、歌唱・演奏技術の向上などを目的とするのではなく、音楽を手段とした治療・療育目標のある計画で、目的のある方法論です。日本音楽療法学会は音楽療法の定義を「音楽のもつ生理的、心理的、社会的働きを用いて、心身の障害の軽減回復、機能の維持改善、生活の質の向上、問題となる行動の変容などに向けて、音楽を意図的、計画的に使用すること」（日本音楽療法学会　ガイドライン11）としています。

　したがって、子どもの音楽療法は医学・心理学・支援方法論などを系統的に学び、音楽をコミュニケーション手段として、様々なニーズのある子どもの心身の発達に役立てています。たとえば、子どもの心身の発達、運動機能の向上、友達とのコミュニケーションの向上、自尊感情を高めるために役立てることができます。

　現在、子育て支援の場、保育所、幼稚園、認定こども園、学校などには、何らかの特別な支援を必要とする子どもが約1割程度、存在しています。発達障害が疑われる子ども、発達がゆっくりな子ども、家庭で居場所がない子ども、音楽はそれら様々なニーズのある子どもも分け隔てなく温かな関係でつなぐ手段にもなります。音楽療法の基本的な考え方を理解し、音楽表現に生かしていきましょう。

　日本音楽療法学会認定の音楽療法士資格のある人を音楽療法士（ミュージックセラピスト）といいます。また、子どもとかかわるときの時間の単位は「セッション」といいます。セッションには対象とする子ども一人一人に異なったセッションの目的があり、セッションの前後で子どもがどう変わったのか、評価を行います。

　Aくんはウェルドニッヒ・ホフマン病という神経系の病気で、全身を動かすことができず、声も出せません。自分の意志でできるのは眼球運動のみで、人工呼吸器を付けています。しかし残された眼球運動、黒目を動かす（YES）・止める（NO）というサインだけで、キーボードで聞いた音を選んでいくうちに作曲ができるようになり、CDも制作するほどになりました。

　音楽活動はAくんの生きる力を引き出しました。そして、1つの音を並べて音楽にすることで、YES・NOというサインだけからではわからなかった彼の悲しみ、喜びなどが私たちに伝わるようになったのです。このように、音楽には知らない誰かと誰かの気持ちを通じ合わせる対話の力があります。これを最大限に生かした方法が音楽療法です。

　歌や楽器の演奏だけでなく、音楽をコミュニケーションの手段として子どもたちの表現に役立てようとする考え方や活動は、保育や子育てのなかでも生かすことができます。

音楽療法を生かした音楽表現

音まわしあそび

振ると簡単に音の出る鈴やマラカスなどを準備します。ことばのように隣の人に向けて鳴らし、音で話しかけてみましょう。

即興による音あそび

手拍子のリズムを話しかけに使うことができます。一定のリズムを出すのではなく、日本語で話しかけるかのように手拍子で隣の人に話しかけます。慣れてきたら手だけではなく、床やスティックをたたいたりするだけでも、言葉のように音を使う楽しさを体験することができます。そこから自分の感情を表現する楽しさが学べます。

上記の例のように音楽療法は決められた楽曲やリズムに合わせるのではなく、音楽をことばを越えたコミュニケーションの手段として使うことを大切にしています。ポイントが理解できるようになると、子どもたちと即興セッションができるようになります。音楽療法では音楽の上手下手は関係なく、リズムや音楽で自分を表現し、相手から返事が返ってくる対話を楽しむことから始めます。これが即興ならではの楽しさです。

即興というと難しいと感じる人もいるかもしれませんが、実際には簡単なリズム打ちの即興を入口に、子どもと遊ぶことからスタートするとよいでしょう。

リラクセーション

音楽とリラクセーションについて考えてみましょう。音楽には活動を促すだけではなく、沈静的な効果や癒やしの効果があることも知られています。呼吸や動きを有効に組み合わせた、子どものためのリラクセーションも学んでみましょう。

小さな子どもといっても、現代社会はストレスにあふれています。発表会や試験など子どもの頃からストレスのかかる場面を何度も体験し、先生や親からの見えないプレッシャーに悩まされている子どもも多くなっています。また家庭や社会のなかで対人関係にストレスがかかる場合もあります。

自分のこころを落ち着かせるためにも、子ども自身が幼い頃から音楽を上手に利用して自分をリラックスさせる方法を知ることは、現代社会においては大切な学びとなっています。

では、まず深呼吸する練習をしましょう。息を吸って、吐くという子どもの自然の呼吸に合わせ、静かでゆったりとした音楽をかけます。子どもの年齢によっても深呼吸のスピードが異なるので、子

どもの呼吸を見ながら伴奏の速さを調節するとよいでしょう。
　環境もカーテンを引いて暗くしたり、床に寝っ転がってみたり、クッションの上に好きに座ってみるのもいいでしょう。あぐらをかいてヨガのように息を吸ったり吐いたりするだけでも、よい練習になります。

　次にストレッチの練習をしましょう。身体をリラックスさせ、手足が身体の外側へ引っ張られていくように自分でストレッチします。座る、寝る、立つ、膝立ちなど様々な姿勢から練習してみるとよいです。ストレッチに音楽をつけると、呼吸とリズムが自然に合ってきて、情操教育にも役立ちます。
　これらのリラクセーションは、活発な動きをしたあと心を鎮めたいときなどにも有効に活用することができます。

　乳児は保育者も一緒にリラックス。抱っこして、ゆっくり揺れたり、添い寝しながら、子守唄を歌います。ハンモックやゆりかごなどに乗せて揺れるとリラックスできます。音楽は自分の好きなもので大丈夫。リズムがはっきりしたものより、旋律が美しいものを選ぶとよいでしょう。

　自分で動けるようになったら、バスタオルや毛布、フリースなどを使って自分の場所をつくり、かぶったり、寝っ転がったりする遊びもリラックスできます。また、段ボールやカーテン、机の下などで落ち着く子どももいます。視界を遮り、一人落ち着ける空間が必要な子どももいるのです。

リラクセーションに適した子どもうたの例

♪5 あめふりくまのこ　　♪99 ゆらゆらだっこだっこ
♪16 おかあさん　　　　♪100 ゆりかごのうた
♪52 しゃぼんだま

★リラクセーションに子どもヨガを取り入れるとより効果的です。巻末特集 p.121〜122 を参照ください。

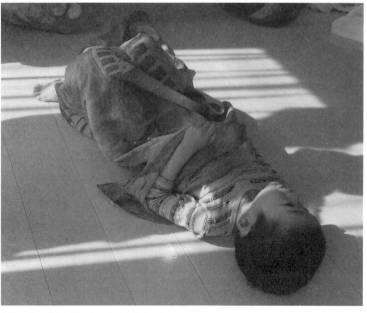

美しい曲を聴きながらゆったりとリラックス

Lesson 14 音楽ワークショップ＆クリエイティブ音楽ムーブメント

ワークショップって何？

　ワークショップとは、決まった答えがなく、参加した子どもや大人が自ら考え、発見していく活動です。活動の結果ではなく、答えを出すまでのプロセスを大切にします。勝ち負けや正解・不正解など決まった答えがなく、様々な発見を楽しみます。

　これらは欧米の保育園や幼稚園、学校では多く取り入れられています。ワークショップでは、全員が同じ活動をするのではなく、子ども自身の活動や発言の選択肢が多く、自分で発見し、他者の発見も尊重しながら共につくりあげていきます。みな同じ参加の仕方ではなく、自分なりの参加の仕方でよいとされています。

　また、人の意見や考え方は違っているのが自然なので、課題に対する答えもみんな違ってみんないいことを基本としています。そのため、子ども・職員・保護者がみな参加でき、それぞれの才能や発見を認め合うことができます。ワークショップは即興的に様々なアイディアを出し合いますが、それぞれの意見や活動を合意形成（お互いに納得すること）に導きます。

　これらワークショップの考え方は、みな同じように同じことをするのをよしとする価値感とは異なりますが、様々な民族・人種が多い世界の国々では、表現活動を行うときの大切な方法論になっています。これは将来、協働学習や問題解決をグループで行う力を育てる基礎ともなります。

　ワークショップの流れをつくる役を「ファシリテーター」といいます。ファシリテーターは、決まった答えのない合意形成に向けて、話の流れをガイドしていきます。同時に、温かく楽しい雰囲気づくりを心がけ、それぞれの子どもを見守り、勇気づけていきます。

　子育て支援には、このワークショップの考え方が有効です。また、親子で楽しい音楽表現ワークショップを一緒につくり、子育てに生かすこともできます。わらべうた、音楽、リズムあそび、楽器、動きなど、1つの方法論にとらわれず、様々な表現を手段として、実際に子どもと即興を通じて体験してみることが大切です。

　ワークショップは、事前に指導計画（指導案）を作成し、自分の考えたとおりに子どもを指導する方法とは基本が異なります。参加した親子のなかから表現力を引き出していくのですから、準備は必要ですが、自分の考えたとおりに進行しなくて大丈夫です。そのためワークショップは、その場で即興的に子どもと何かをつくりだしていく時間ともいえるでしょう。ファシリテーターはワークショップの流れを考えながら、子どもの表現力を引き出し、共有や共感を育てていきます。

　子どもが安心して、のびのび表現できるようにするために、ワークショップづくりの基礎である即興について学びましょう。いまから、子どもたちが生き生き楽しめる音楽表現ワークショップを一緒に考えてみましょう。

クリエイティブ音楽ムーブメント

　音楽と動きを生かし、子ども・保育者・親などだれもが共にワークショップを楽しめるのが、「クリエイティブ音楽ムーブメント」です。クリエイティブとは、創造的であるということです。クリエイティブ音楽ムーブメントは、音楽と動きを基礎に、子どもの自発的な動きを促す楽しいワークショップです。イギリスなどヨーロッパ、アメリカなどの世界中の様々な国では、MUSIC MOVEMENT として盛んに行われています。

　クリエイティブ音楽ムーブメントでは、子どもの自尊感情を育てることを大切にしています。ほかの子どもと比べたり、競争することから親子を守っています。ですから、参加する保育者や保護者も共に創造性や子どもとのかかわり方を学び合うことができます。
　音楽と動きを手段として、自分を大切に思う気持ちを育て、他者とのコミュニケーション力を育てるには、安心できる守られた環境が必要となります。だれからも認められ安心できる雰囲気のなかで、参加した子ども、親、保育者らと音楽の美しさや遊びの楽しさなどを共有することが大切です。

　音楽表現を引き出すために、楽器、風船、ボール、布、ロープ、しゃぼんだま、ビーンバッグ（西洋お手玉）、パラシュートなど様々なモチーフを使います。モチーフは使い方が決まっているわけではなく、子どもの創造性や自主性を引き出すようにその都度、即興的にファシリテーション（支援）します。

　ファシリテーターは、子どもをはじめとする参加者一人一人の気持ちを表現できるように促していきます。風船、太鼓、布など、様々なモチーフを効果的に使えるようになると、子どもの発達や対人関係を音楽の力を使って引き出すことができます。そして、子ども自らが音や音楽を発見できるような穏やかで楽しい環境をつくりだせるようになると、様々な年齢や異世代のワークショップもできるようになります。

　心の発達、ことばの発達、運動の発達は、根っこのところが結びついています。たとえば「うえ」という言葉は、身体を動かしながら、上のほうに手を動かすと自然に覚えられ、発音もスムーズに出てきます。
　そのときに評価され、子どもが緊張すると、動きが止まってしまいます。「止まれ」ということばも、リズムあそびで走りまわったところで好きな動作で止まることにより、わかるようになります。

　保育、療育、親子支援、学校の授業、親子広場など、現在も様々なところでクリエイティブ音楽ムーブメントが行われるようになり、20年の月日が流れています。
　クリエイティブ音楽ムーブメントの流れは、決まった形があるわけではありませんが、子どもにも楽しめるように、およそ次のような流れになっています。

※インストラクターやセラピスト資格もあります。詳しく知りたい方はHPをご覧ください。hoshiyama-lab.com/

クリエイティブ音楽ムーブメントの流れ

①スキンシップあそび
♪4「あめがぽつぽつ」♪65「だるまさん」♪87「ペンギンちゃんのやまのぼり」など、親子でスキンシップや揺れなどを楽しめるような音楽表現からスタートします。

②楽器あそび
自分の好きな楽器を選んで音を出し、速さの違いを楽しんだり、歩いたり止まったりします。みんなに合わせる必要はなく、自分なりに楽しめればそれでよいとします。自由な表現を楽しみます。

♪17 おかたづけ
楽器をしまうときに、みなで歌いながら片づけます。

③モチーフあそび
今日のモチーフを季節などから1つ決めて、音楽表現を楽しみます。たとえば、秋なら葉っぱ、ボールなどシンプルな素材を使って自由に遊びながら、音あそびをしたり、歌を歌ったりします。ここでも、それぞれ違う動きを引き出すようにします。また、お互いのアイディアを交換し、多様な表現を学んでいきます。モチーフは組み合わせを変えることもでき、1つのモチーフから何種類もの表現や遊び方を子どもと考えます。

④パラシュートあそび
大きなパラシュートを使って様々な遊びを楽しみます。揺れる、乗る、飛ばす、回す、みんなで「いないないばあ」を楽しんだり、ドームを作って隠れたりします。パラシュートの遊び方は、年齢に応じて約300通りほどあります。年齢や目的に合わせて様々な遊び方を工夫することができます。

⑤リラクセーション
美しい音楽やシャボン玉などを見ながらリラックスします。親子ヨガなどをすることもあります。かならず抱っこの時間を入れて、歌を歌いながら揺れたり、抱きしめたりスキンシップをします。

⑥コミュニケーションと振り返り
集まった人同士で振り返りをしたり、パペットを使って、コミュニケーションを楽しみます。手あそび歌をします。

♪49 さよならのうた
一番最後に歌います。

巻末付録の特集にて、一連の流れを具体的に解説しています。

Lesson 15 人と人がつながる音楽表現――保護者や地域とともに

エコロジカルデザインを目指して

　音楽は人と人の心をつなぐことができる、だれにとっても素晴らしい宝物です。この章では、人と人とをつなげる音楽表現の役割について考えてみましょう。

　子どもは子ども同士、親子の関係、保育者や地域など様々な関係性のなかで生きています。子どもの多様性を尊重しながら、人と人とのよいつながりを大切にするのが、生態系という環境から子どもを支えるエコロジカルデザインの考え方です。
　環境は、大きく分けて２つの考え方があります。１つは部屋の位置や大きさ、光の入り方、自然、場所などの物理的な環境です。もう１つは人という環境です。保育者、親、支援者の人間性、考え方・感じ方は、子どもの発達に大きく左右します。そして、人と人とのつながり、連携できているかどうかも子どもの発達に影響を与えます。
　地域には孤立している人がいます。子ども、親、高齢者……孤独な人が多くいるのです。音楽で子どもだけではなく、周囲の人々との温かなつながりがつくりだせたら、どんなに素晴らしいことでしょう。
　人と人とのつながりを紡ぎ直すために、どのように音楽表現が活用できるか考えてみましょう。

子どもと子どもをつなぐ

　音楽表現は、子どもと子どもをつなぐ役割をします。先生と子どもが向かい合っているだけでは、子ども同士の関係は育っていきません。
　たとえば、♪20「おすもうくまちゃん」という歌では、子どもと子どもが歌を歌いながら、すもうごっこを楽しみます。スキンシップや楽しく身体をぶつけあったり、転がったりすることは幼児期の大切な活動の一つです。親子で身体の楽しい接触を体験したことのない子どもも増えていくなか、ユーモラスな歌で子ども同士の関係性を育てることができます。
　♪57「せんべせんべやけた」というわらべうたでは、手を差し出すだけで子どもの輪のなかに入ることができます。素朴な歌のなかにも、昔の人の多くの知恵が生きています。ほんの少しのかかわりから、子どもと子どもの心をつなげていく力を音楽はもっているのです。

親と子どもをつなぐ

　音楽表現は親子をつなぐ役割もします。現在、わが子をかわいいと思えない、うまく育てられない、という悩みがある保護者も増えています。
　たとえば、行事や保護者会などでほかの親子とも触れ合えるような音楽表現を取り入れてみます。保護者には、子どもの歌やダンスなど出来栄えやビデオを撮ることではなく、親子で向き合う豊かな時間が大切であることを活動を通じて伝えていきます。

　親子の関係をよい関係にできるような親子あそびや、スキンシップを促す音楽や歌あそびも活用できます。♪102「ロンドンばしがおちる」という歌では、親同士が手をつないで橋をつくり、子どもたちと一緒に歌いながら、関係性をつくることができます。また、♪75「てをつなごう」は大人も子どもも関係なく、全員で手をつなぎ、大きな輪をつくって遊ぶことができます。
　このように、親子の温かな関係性を育てるために音楽を活用していきましょう。

子どもと地域の人をつなぐ

　音楽表現は、保育者同士や地域の方など、大人と大人もつなぐことができます。
　地域の行事や高齢者施設などでも、子どもは大人気です。♪38「くまさんくまさん」のようなわらべうたは、簡単な動作をまねしたり、握手したりします。子どもの歌声や小さな温かい手は、普段触れ合う機会の少ない大人にとっては、心が温かくなる貴重な体験なのです。
　♪19「おしょうがつ」、「ひなまつり」、♪40「こいのぼり」、♪79「どんぐりころころ」、♪81「とんぼのめがね」など季節感のある愛唱歌は、世代を超えてよく知られている歌です。地域の人と触れ合うためにも、音楽表現を活用していきましょう。

　音楽は世代を超え、心と心をつなぐことができます。一緒に歌を歌えば、子どもの声をうるさく感じることはなくなるでしょう。子どもは地域に守られて大きくなっていくわけです。異世代交流などにも積極的に音楽表現を役立てていきましょう。

理論編

こんなふうに楽しんでみよう！
ことばあそび

子ども一人一人がコミュニケーションを楽しめるように遊びましょう。
親子あそびや子ども同士のコミュニケーションをオノマトペで楽しみます。

おハナをつまむと
声が変わるよ〜

ふぅ〜

コチョコチョ〜

共感ポイント
ポ、あ〜など擬音語や擬態語だけで、自分の気持ちが伝わる楽しさを体験します。言葉を考えずにコミュニケーションを楽しむことができます。

育てたい力
[自己表現] [ノンバーバルコミュニケーション]

準備物
大きなシャボン玉が作れるリングとシャボン玉液
オノマトペを言いながら吹くと楽しい

POINT
・リズム、音の高さ、タイミングなどで、音あそびができます。
・変化ははっきりわかりやすく、動きや表情に変化をつけて子どもの笑顔を引き出します。

展開例 めやす 10分

1 子どもの好きな音を考える

ポ〜、ハウ〜など、オノマトペを使って子どもが喜ぶ新しい音を考えます。言葉ではない音でも楽しめます。抑揚をつけてやってみましょう。身体を動かしたり表現をつけると good。

2 オノマトペだけで話しかけてみる

たとえば、ポポポ星人になってみます。「ポポポ」しか話せません。保育者も「ポ〜？」「ポポポ」など音で話したり答えたりします。

子ども同士で話してもよいですし、大人がやっていると、まねするようになります。ノンバーバルコミュニケーションでも気持ちが通じることがわかると、かえって安心して感情表現ができる子どももいます。普段言えないことや表現できないことも伝わる楽しさを体験します。

（ポッポンポー ベロベロベー）

子どもの表現は豊かです。

（あらら〜）

（キャ〜）

♪45 **コンコンクシャンのうた**
いろいろなくしゃみが出てきます。「クシャン」の楽しい音をユーモラスに表現してみましょう。

チャレンジしてみよう

- ポ〜やハウ〜だけではなく、「ラ〜」「ボ〜」「プ〜」「ボボボ」など様々な楽しい擬態語に変化させていきます。
- 子どもの発想は豊かで、一緒に音を考えてもらうと、とても楽しい言葉をつくりだします。

振り返りをしてみよう

- 子どもにわかりやすく伝えられましたか？
- ノンバーバルコミュニケーション、表情、身振り・手振りなどを豊かに使えたでしょうか？

音楽表現のこれから

　音楽表現というと日本では、上手な合唱や合奏、あるいは発表会や演奏会の見栄えや出来栄え重視で考えてしまう傾向があります。しかし、就学前の音楽表現は学童期の音楽教育の先取りではありません。様々な個性や発達の違いがある子どもが、それぞれの発達に応じて、それぞれ違った表現を応援することのほうがずっと大切です。

　現在、子どもを取り巻く環境はけっしてよいとは限りません。子どもの数が減り、都市化が進むほど、子どもが声を出し、物音を立てるだけでも、歌を歌ったり演奏するだけでも、近所から苦情が来ることがあるほど、子どもに寛容ではない大人が増えています。

　こんな環境のなかで自信のない子どもが増え、委縮しがちになっています。そこで、私たちは音楽表現の本質を学び、子どもの心をしっかり育み、子ども同士、子どもと親、子どもと保育者などの相互作用を大切にしていきたいものです。その相互作用の助けになるのが音楽なのです。

　子どもの脳は自然のなかで発達します。異世代で触れ合おうとすれば、自然にあそび歌や手あそび歌が役立ちます。歌やリズムを教えようとするのではなく、自然に踊りたくなり、歌いたくなるような環境づくりをすれば、子どもは歌やリズム、音楽が大好きになります。がんばったあとには、ホッとする静かな曲を聴けば、リラクセーションにもなります。

　これからの音楽表現は、子ども一人一人に応じて、即興的な表現が主になっていくと考えられます。国際的（グローバル）な流れも、どんな子どもにとってもわかりやすく楽しい視点が大切にされていく方向になっています。自分を表現することは誰にとっても心地よく、みんな違って、みんな素晴らしい子どもたちであるということをぜひ伝えてください。

エコロジカルアプローチとは

　「エコロジカル」とは生態系のつながりを表しています。人も自然も多様な生態系のなかで生きています。生態系のなかで、自然と人間のつながり、子どもと子どものつながり、子どもと家族のつながり、職員同士のつながりなど、私たちを取り巻く環境にも様々なつながりがあります。いま、孤独な子どもや親が増えています。だからこそ、音楽を通じて人と人とのよいつながりを大切に育てましょう。人とのつながりをつくることができる音楽表現は、子どもと地域とのつながりに発展させることもできます。

◎なるべく家庭的で温かな雰囲気を大切にする
◎保護者同士の関係性を育てる工夫をする
◎異年齢、異世代との交流を大切にする
◎親や同僚とのコミュニケーションを大切にする
◎コンクリートの空間より自然のなかで遊ぶ時間を大切にする
◎自由あそびや自然との触れ合いができる環境を大切にする

実践編

ここでは、0歳児から年齢ごとの
音楽表現の実践を学んでいきましょう。
ワークショップを体験し、導入から展開までの流れを、
目的やポイントを整理しながら学びます。

子どもの発達と音楽表現　おおむね6か月頃から
★触れると笑う
★声かけ・歌いかけをすると、口元をじっと見る

Lesson 1　くすぐりあそび　　やさいの塩もみ

［スキンシップを楽しむワークショップ］

子どもと音楽あそびを楽しみながらファシリテートしていきます。

まず、リラックス♪

共感ポイント

くすぐったり、さわったり、人の肌から伝わる安心感を伝えます。スキンシップを通じて体験しましょう。

育てたい力

[スキンシップ]　[感覚]

皮膚の刺激、手のひらでさわることで、人のぬくもりや、声かけ、視線など、人からの様々な刺激が伝わります。子どもの笑顔を引き出せるよう歌いかけ方やさわり方も工夫しましょう。また、子どもにより快感だと感じる強さが異なりますので、表情を見て調節しましょう。

準備物

自分の手を清潔にして、温めておく

ベビーオイルも good

アクセサリーをつけたり、指の爪が伸びていると、赤ちゃんを傷つける場合があるので注意しましょう。

POINT

- 子どもの表情をよく見ます。不安がったり怖がる表情であれば、ゆっくりにします。
- ていねいに優しく、子どもの笑顔を引き出すように速さやさわる強さを調節します。

何がはじまるのかな？

ワークショップの展開例

めやす **20分**

1. 赤ちゃんに挨拶をする （5分）

赤ちゃんをゆっくり寝かせて、赤ちゃんから見える位置に座ります。身体全体を両手で優しく包みながらさわってみます。

2.「だいこんのしおもみ きって、きって、きって、きって」 （15分）

両手でゆっくり全身をさわっていきます。

3.「おしおを ぱっ、ぱっ、ぱっ、ぱっ」

両手の指をぱっと開き、指先で軽くさわって皮膚に刺激を与えます。

「ぱっ」のところで指先が軽く身体に触れるように

4.「よく すりこんで〜」

優しくごしごしさわります。「すりこんで〜」のあとは、期待感いっぱいに少し間を空けて、緊張感・期待感を。

5.「いただきます ぱくぱくぱく」

今までのところでよい表情であれば、少しくすぐる感じを入れて、食べるまねをします。

食べるまねをして、くすぐります

この曲でもLet's try
- ♪9 いっぽんばしこちょこちょ
- ♪65 だるまさん
- ♪72 でこちゃんはなちゃん

チャレンジしてみよう
- スキンシップができるあそび歌を探してみましょう。
- 歌の途中でちょっと手を止め、赤ちゃんの目を見つめて話しかけてみましょう。間をとってから続きを歌うと、時間の概念が育ち、共感する気持ちも高まります。

振り返りをしてみよう
- 手を清潔にし、手が冷たくないように温めるなど配慮できましたか？
- 子どもの表情を見ながら、速度を変えたり話しかけたりできましたか？
- 子どもは笑っていましたか？

子どもの発達と音楽表現　おおむね6か月頃から
★ 音をまねて「ウーウー」と声を出す
★ 手を伸ばしてつかもうとする

Lesson 2　ボールコロコロころがし
[ボールを使って、動きを音楽で促すワークショップ]

子ども自らが考え、動くことを大切にファシリテートしていきます。

「頭にくっついた！」

共感ポイント
- 転がると音が出る。止めると音が止まる。
- ボールの動きを追いながら音楽を楽しみます。

育てたい力
[動き－音楽の関係性に気がつく]

手を動かすと音が出る、動きを止めると音も止まる、という単純な関係性を理解することで、子どもは驚き、感動します。楽しい遊びを通じて、音に親しみます。

準備物

転がると音の出るボール（鈴入りボール）や動かすと音の出るもの

硬めのボールからスポンジのような柔らかいボールまで、赤ちゃんの月齢や経験に合わせて調節しましょう。

POINT
- ボールが円の外に出ないようにお互いに顔が見える位置に座ります。円の隊形の中に、大人や異年齢の子どもが何人か入るとうまくいきます。
- 止まる・動くは子どもにはっきりとわかりやすく伝える。
- ボールが止まる・動くを大げさにびっくりしたり、声かけしたりして感動的に行います。

「みんなでおかたづけ〜」

ワークショップの展開例　めやす **20**分

1 ボールコロコロころがし （5分）

集まった子どもや大人が自由に広がり、みなでボールを転がし遊ぶ。転がしているあいだ、楽器・ピアノ・歌などで音楽を奏でます。音楽を止めたら、動きも止めましょう。

最初はゆっくりのテンポから

2 輪になって座り、ボールを転がすときは音楽を奏で、ボールを止めるときは音楽も止めます。 （5分）
（いろんな隊形でやってみましょう。）

3 まねっこ身体部位あそび （5分）

ボールを転がし、止めるときに身体部位の頭、肩、膝などにくっつけます。音楽も止めます。

4 子どもの考えた転がし方をみなでまねっこします。 （5分）

この曲でもLet's try
 4 あめがぽつぽつ
 79 どんぐりころころ

チャレンジしてみよう

- ボールを歌に合わせて転がし、速度を変えたり、身体の部位で転がす・止めるなどを繰り返しながら、身体部位を学びましょう。
- マッサージのように身体中に転がして遊ぶ。
- 頭の上に両手で止めたあと、手を放して頭から転がす。身体の好きなところから転がすと楽しいです。
- みんなで音楽に合わせて転がし、音楽が止まったら天井に向かって投げる、または一斉に止める。

振り返りをしてみよう

- ボールの動きと音を合わせながら、子どもと一緒に驚き、共感など気持ちを共有できましたか？
- ボールの動きから、子どもの動き・表情を引き出せましたか？
- ころがしあそびに適した歌を歌ったり、楽器の音を楽しんだりできましたか？

子どもの発達と音楽表現　おおむね6か月頃から

★ 1つの動作を繰り返したり、揺らしたりすると大喜びする

Lesson 3　ゆらゆらだっこだっこ

［抱っこと揺れを楽しみながら、布の柔らかさを楽しむワークショップ］

子どもを抱いて優しく揺れながら、気持ちを落ち着かせます。

育てたい力

[体温・安心感]

人肌や揺れの気持ちよさ、優しい歌いかけで安心感を与えます。動いているもの、音が出るほうを見る。前後、左右などの異なる方向に揺れる体験。

共感ポイント

- 抱っこされる安心感、揺れの気持ちよさを体験します。体温の温かさ、歌声、揺れ、景色が動いて、赤ちゃんはとても気持ちよいのです。抱っこしている人も赤ちゃんを抱く幸せを感じながら歌いましょう。
- ほっぺやおでこを優しくさわったり、くっつけたりするのもよいでしょう。

準備物

ゆったり抱っこできる環境

柔らかい大きめの布

優しい音の出る楽器

子どもが持って一緒に揺れると、優しい音がします。

POINT

- なるべくゆったりした気持ちで。寝かしつけるときも歌えます。
- 初めはゆっくり左右に揺らすところから。
- 歌いかけるときは、子どもの目を見て表情を確かめる。
- フワフワの布で包んだり、揺らすのも楽しい。

ワークショップ展開例　めやす 15分

1 みんなで輪になり歌う (5分)

床にあぐら座りや好きな姿勢で座り、赤ちゃんを膝の上にだっこします。
優しく揺れながら歌いましょう。また、音楽に合わせてゆらゆら揺れたり、目と目を合わせたりします。ほかの親子（保育者と子ども）がいると、なお楽しい。

2 スキンシップを楽しむ (10分)

ほっぺとほっぺをつけたり、抱きしめたり揺れたりします。優しく「高い高い～」をするのも楽しい。赤ちゃんが笑ったら大成功。怖がる赤ちゃんもいるので、表情をよく見て。

この曲でもLet's try
- ♪65 だるまさん
- ♪72 でこちゃんはなちゃん
- ♪84 ふうせん 「こっつんこ」でそっとおでこをくっつけます
- ♪99 ゆらゆらだっこだっこ

チャレンジしてみよう
- いろいろな揺れ・リズム・速さを考えましょう。左右、前後、円を描くように大きく右に、左に、上下へ優しく。
- 膝に慣れてきたら、バスタオルやシーツに子どもを乗せてハンモックのように揺らし、子どもの笑顔を引き出す。

振り返りをしてみよう
- 子どもの表情を見ながら、揺らし方・速さを変えることができましたか？
- 子どもが安心して楽しそうにしていましたか？

子どもの発達と音楽表現　おおむね1歳頃から

★楽器を鳴らす、後ろを追いかける、太鼓をたたくなど、身振りをまねする
★大きな動き、追いかけることが好き

Lesson 4 ボールかくし

［音楽に合わせて、子どもの記憶力・認知力を育てるワークショップ］

隠されたボールを子どもが見つけることで、コミュニケーションする力、認知力をつけます。

あった〜こんなところにも

共感ポイント
見つけたときの感動、対人関係やコミュニケーション、指示語の理解

育てたい力
［相手の顔・表現を見る力］
［認知力］［空間認知の力］
［人が集まる楽しさ］［記憶力］

準備物
人数分の小さなボール

POINT

- 「あった！」ときの感動を共有・共感します。
- 洋服の中やカーテンなどに隠したら、一緒に探すのも楽しいですね。

ワークショップの展開例　めやす 10分

1 ファシリテーターの ボールを全員で探す　5分

輪になって座ります。

♪ボール、ボール、ボールを見てね！
　ボール、ボール、ボールを見てね！
　コロコロ、コロコロ、ふしぎなボールは
　どこいった！

ボールを自分の洋服の中に隠します。年齢によっては、わざとすぐ見つかりやすいところに隠す。見つけられたら、「わーすごいね！」と大げさに感動しましょう。

2 子ども全員がボールを 持ってやってみる　5分

♪ボール、ボール、ボールを見てね！
　ボール、ボール、ボールを見てね！
　コロコロ、コロコロ、ころがって
　ふしぎなボールは　どこいった！

子どもが自分の洋服の中に隠します。大人が見つけたら一緒に感動しましょう。また、カーテンやカゴの中など少しずつ隠す範囲を広げてみましょう。

> 年長児は友達で見つけっこするとよいです

この曲でもLet's try
♪64 たまごたまご
♪79 どんぐりころころ

チャレンジしてみよう
- 歌に合わせてボールころがしを楽しみ、おしまいに来たらボールかくしをして探す。

振り返りをしてみよう
- ボールの大きさや数は適切でしたか？
- 見つかったとき、成功を共有できましたか？

子どもの発達と音楽表現　おおむね1歳頃から

★気に入った楽器を取る・戻すことができる
★自分の名前や話し方の違いがわかる
★動くのが楽しくて仕方ない時期

Lesson 5 きたぞ きたぞ
［音と運動を連合するワークショップ］

子ども自らが考え、動く力を育てます。

ロケットだあ とんでいくよ〜

共感ポイント

自分で声や音を出すおもしろさ。パパパなど音やリズムを楽しむ。動く、止まるなどの楽しさ。フレーズの楽しさで期待感を高める。

育てたい力

[表現力]

発声を促す。リズムの違いや間をとる楽しさ。

準備物
太鼓などの打楽器

POINT

- 最初はイメージしやすい、易しいものを一緒に考えてやってみましょう。
- 「きたぞ」に合わせて太鼓を演奏してもいいでしょう。

ワークショップの展開例   めやす 25分

1 ロケットになりきって遊ぶ 5分

きたぞ きたぞ ロケット！ ビューン
「きたぞ きたぞ！」では手拍子をします。「ビューン」でみんなそれぞれロケットになりきって、声を出しながら走りまわります。

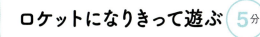
きたぞ きたぞ

2 替え歌をして遊ぶ 5分

ロケットだけでなく、雨などわかりすいもので練習します。オノマトペ（擬音語・擬態語）をつけて、動きまわりましょう。
例：
きたぞ きたぞ 雨！ ザーザーザーザー
きたぞ きたぞ はっぱ！ ひらひらひらひら
きたぞ きたぞ 鬼！ わーわー にげろ

3 子どもが考えたもので遊ぶ 10分

子どもが自分で何が来たかを考えます。オノマトペもつけてみましょう。
例：
きたぞ きたぞ おかあさん！ ぎゅーっだっこ
きたぞ きたぞ 救急車！ ピーポーピーポー

4 ♪101 ロケットにのって で遊ぶ 5分

歌って、ロケットになって飛びまわります。

この曲でもLet's try
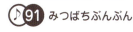
♪91 みつばちぶんぶん

チャレンジしてみよう
- 自分で考えられるようになったら、子どもからアイディアを引き出しましょう。
  例：「きたぞ！」「何がきたかな？」
  「かみなりさま！」「きゃあ〜にげろ」
  「おへそかくそう！」など

振り返りをしてみよう
- 発表することや集団への参加が苦手な子どもに配慮をしましたか？
- 子ども一人一人の表情や様子に気配りができましたか？
- 模倣することではなく、子どもの想像力・表現力を尊重できましたか？

子どもの発達と音楽表現　おおむね 2歳

★ 言葉によく反応するようになる
★「ぶーぶ」「わんわん」など繰り返しのある言葉を好む
★ まねっこあそび、ジャンプが楽しい頃

Lesson 6 即興リズムあそび

[リズムや音を即興的に楽しむワークショップ]

決められた歌や楽曲のリズムパターンだけではなく、自分の手・足・床をたたくなど、いつでも気軽に楽しむことができる音楽表現です。

リズムあそび楽しいな

共感ポイント

- 模倣あそび、身体部位をさわること、リズムの楽しさを伝えます。
- 協応性運動を引き出す（右・左・両手・片手など）。
- 両手のタイミングを合わせる。
- 前と後ろ、速いと遅いの概念（方向・速さ）。

育てたい力

[模倣する力] [身体部位]
[手の協応性]

床をたたいて音やリズムを出すことで、両手の様々な動きを促すことができます。床から伝わってくる振動を喜ぶ子どももいます。身体をたたいたりして、頭・お腹・肩など部位を学ぶこともできますね。

準備物

たたくと音の出る
フローリングなどの部屋
マットでもOK

POINT

- 音とリズムを楽しむことが大切です。
- 動きははっきりわかりやすく。オノマトペ（「とんとん」など）を活用しましょう。

ワークショップの展開例 めやす 20分

1 両手で床をたたく （5分）

みんなで輪になって座ります。両手でゆっくり同時に床をたたきます。だんだん速くして止めましょう。

$\frac{4}{4}$ とん とん とん ♪♪♪𝄽 | $\frac{4}{4}$ とん とん ♪𝄽♪

リズムに変化をつけてみましょう

この曲でもLet's try

♪46 ごんべさんのあかちゃん
手拍子しながらリズムあそびをしてみましょう。速くしたりゆっくりしたり

2 片手で交互に床をたたく （5分）

両手を出して、片手で交互に床をパタパタとたたきます。ゆっくりのテンポから始めて、だんだん速くして止めましょう。

$\frac{4}{4}$ 右 左 右 左 ♪♪♪♪　だんだん速く〜 〜止まれ！
ピタッ

できたぁ〜
拍手

3 子どもたちと一緒に考える （10分）

両手を頭に乗せてから、床をたたきます。次に床ではなく、肩、お腹など身体の部位を変えながらたたきます。
最後はおもしろいたたき方を考えましょう（例：グーで床をたたく、手拍子を入れるなど）。

チャレンジしてみよう

● ファシリテーターが両手や交互など基本を試したら、子どもから楽しいアイディアを引き出してみましょう。

振り返りをしてみよう

● 子どもから創造性を引き出すことができましたか？
● 手の協応性（リズムが合わない、ぎこちない）が気になる子どもに配慮できましたか？
● リズムを正確にたたくことでなく、楽しむことを重視できましたか？

子どもの発達と音楽表現　おおむね2歳

★楽器を独占したくなる
★ほかの人のものがわかる
★身体部位がわかる

Lesson 7 楽器であそぼう

［軽くて音の出やすい楽器に親しむワークショップ］

おおむね2歳から、安全で軽く、たたいたり振ったりすると
簡単に音の出る楽器で音やリズムを楽しめるようになります。

共感ポイント

音やリズムで自分の気持ちが伝わる楽しさ
を体験します。言葉を考えずにコミュニケ
ーションを楽しむことができます。

育てたい力

[自己表現] [ノンバーバル
コミュニケーション]

準備物

楽器

太鼓・マラカス・民族楽器など、簡
単に音の出る様々なものを集めます。

POINT

- リズム、音の高さ、タイミング
などで、リズムあそびができま
す。
- 変化ははっきりわかりやすく、
まずファシリテーターがやって
みせるとよいでしょう。

ワークショップの展開例　めやす 10分

1 好きな楽器を選んで音を出す（5分）
子どもが好きなものを選ぶようにサポートします。

2 ポーズをとったりする（5分）
リズムに合わせて動いたり、止まったり、ポーズをとったりします。

同じリズムをまねすることはせず、お話しするように自由に音を楽しみます。リズムを好きに出し、音が鳴ったら動く、音が止まったらポーズをとります。

この曲でもLet's try
 98 やまのおんがくか

チャレンジしてみよう
- リズムに合わせ、子どもオリジナルの音の出し方を考えるようファシリテートします。
- 「ポーズ」と言ったら、好きなポーズで止めます。どんなポーズでもたくさん認めて、ほめましょう。

振り返りをしてみよう
- 簡単に楽しめるリズムでしたか？
- ノンバーバルコミュニケーション、表情、ジェスチャーなどを豊かに使えたでしょうか？
- 子どもに同じリズムやポーズを教えないで、自分らしく表現することを大切にできましたか？

子どもの発達と音楽表現　おおむね2歳

★順番が待てる
★お手伝いができる
★数字の2までわかるようになる

Lesson 8 パペットとうたっておどろう

[パペットたちと音楽表現を楽しむワークショップ]

パペットたちと対話をしたり、一緒に歌ったり踊ったりして表現をします。

共感ポイント

パペットと対話をして、一緒に歌ったりリズムを楽しみます。

育てたい力

[安心感] [コミュニケーション]

少し恥ずかしがり屋さんの子どもも、パペットに話しかけたり、一緒に踊ったり歌ったりすることで、表現するときの安心感や自信を育てます。

準備物

様々なパペット

大きさ・形など種類が様々なものを少しずつ揃えていきましょう。

POINT

- 子どもにゆっくりパペットが話しかけをしたり、子どもの動きに合わせて動かしたりします。
- 自分とパペットを同一のものとして、話しかけに答えたり、うなずいたりすることもできます。

ワークショップの展開例 〔めやす 20〜30分〕

パペットが子どもたちに挨拶したり、話しかけや歌いかけをします。 〔5分〕

子どもたちが好きなパペットを選んで、話しかけたり動いたりします。 〔5分〕

円になったり向かい合って、リズムをとったりします。 〔5分〕

この曲でもLet's try
- ♪22 おつかいありさん
- ♪26 おはなしゆびさん
- ♪59 ぞうさん
- ♪97 やぎさんゆうびん

パペットの自己紹介 〔5分〕

自分の素敵なところ、ちょっと苦手なところをお話ししたり、ダンスを見せたり、一緒に膝の上で跳ねたりします。

指揮者ごっこを楽しんだり、一緒に好きな歌を歌ったりします。 〔5分〕

♪34 かわいいかくれんぼ
パペットを隠して探すのも楽しい

パペットからパペットへ歌いかけをします。最後に「楽しかったね」の挨拶もします。 〔5分〕

流れを決めすぎないで、即興的に選びます

チャレンジしてみよう

- パペットのお話をつくってみます。いつもある様子を演じます。
- オノマトペだけでお話ごっこをします。「ままままま〜」「パパパパパ〜」などリズミカルに話しかけます。

振り返りをしてみよう

- 子どもの様子に合わせて、パペットと歌やダンスを楽しむことができましたか?
- 子どもの反応や表現を引き出すことができましたか?

子どもの発達と音楽表現　おおむね3歳

★ごっこあそびが楽しくなり、物語を喜ぶようになる
★「なぜ？」「いつ？」など質問が多くなりはじめる

Lesson 9 指揮者ごっこ

[音楽を聞きながら指揮者になりきるワークショップ]

子ども自らリーダーシップをとることで音楽の楽しさを感じ、表現する機会をファシリテートしていきます。

育てたい力

[自尊感情][リズム]
[表現力][調整力]

共感ポイント

- 自分の指揮に合わせてみんなが音を出してくれる楽しさを体験します。
- 演奏そのものより、リズム感、スタート・ストップなどに共感します。

POINT

- 指揮者役の子どもの動きに合わせて、みなが止まったり、音が出たりする体験ができます。
- 自信をもって楽しめるように、まずファシリテーターがやってみせるとよいでしょう。
- 楽器が壊れなければ、どんな音の出し方でもOK。

準備物

指揮棒
太鼓のバチなどでもOK

音の出やすい楽器を人数分以上

なるべく軽くて持ち歩けるマラカスなどが適しています。手作り楽器を使うととても楽しいです。

ワークショップの展開例 めやす 30分

1 楽器を選ぶ 3分

好きな楽器を一人一人が持ち、輪になって座ります。なるべく違う楽器のほうがよいです。

2 指揮に合わせて演奏する 7分

まず、ファシリテーターが指揮者をします。音を大きくしたり、小さくしたり、テンポを速く・遅く、止めるなど、なるべく子どもにわかりやすい指揮をします。

みんなで合わせることが目的ではなく、楽しむことが目的です。子どもたちがバラバラでも、気にすることはありません。リズムや音を出す楽しさを体験してみます。

3 指揮者役と演奏者役になりきる 20分

指揮者になる順番を決め、一人ずつ交代で立ち上がって、指揮者になりきります。ほかのメンバーは、なるべく指揮者に合わせる演奏者になりきります。

どの子どもにもチャンスを与え、かならず最後にほめるようにします。嫌がる子どもに無理に強要する必要はありません。それぞれの参加の仕方で十分です。ダウン症の子どもたちに人気のあるワークショップです。

この曲でもLet's try

♪59 ぞうさん
3拍子の指揮にはぴったり

♪86 ぶんぶんぶん
短い曲なのでテンポも変化させて指揮すると楽しい

♪98 やまのおんがくか
歌いながら指揮したり楽器のまねをします

チャレンジしてみよう

- 果物の名前（バナナ、チョコレート）などを繰り返し言いながら、1つの音に1つのリズムを乗せるようにスタートします。そこから自由リズムに発展するのも楽しいです。
- 指揮棒で○△□など形を描きます。その形に合わせて声を出すのも楽しいです。

参考：ロバの音楽座「らくがきブビビのコンサート」
http://www.roba-house.com/robamu.html
子どもを対象に、古楽器やオリジナルの空想楽器を使う合奏団。懐かしくて温かい音楽は素晴らしく、おすすめです。

振り返りをしてみよう

- 表情、ジェスチャーなどを豊かに使えましたか？
- ちょっと自信のない子どもへの対応はうまくできましたか？

子どもの発達と音楽表現　おおむね 3歳

★ ルールがわかるようになる
★ 質問に答えるようになる
★ 自分のことが話せるようになる

Lesson 10　感情表現

[音楽を聞きながら、一人一人が感情表現するワークショップ]

子どもの心のなかにある感情を表現する機会を
ファシリテートしていきます。

共感ポイント
- 笑う、泣く、悲しいなど感情を表現する楽しさ
- 自分の感情を表現する
- 相手の表情や感情を理解する

育てたい力
[自己表現力]
[自分を理解する力]
[他人を理解する力]

準備物
太鼓　　様々な音色の楽器

段ボール
布
など

POINT
- ほんの小さな表現でも、自分なりに参加できたら、ほめます。
- 親から感情表現を抑制されている子どもも増えていますので、自信をもって楽しめるように、まずファシリテーターが大げさに表情や動きでやってみせるとよいでしょう。

ワークショップの展開例 めやす **30**分

1 感情表現の例を見る （10分）

全員で輪になって座ります。ファシリテーターがモデルになり、泣く・怒る・笑うなどを音やジェスチャーなどで表現します。いろいろな表情や表現で自分の感情を出してみます。

この曲でもLet's try
♪74 てをたたきましょう
笑う、泣くなど歌に合わせて大げさに表現してみましょう

2 感情を表すことばを考え、表現する （10分）

子どもにうれしい・悔しい・怒る・さみしい・悲しい・怖いなど、様々な感情を表すことばを考えてもらいます。

次に、うれしいときはうれしい表現、悲しいときは悲しい表現など、それぞれの方法で表現します。たとえば、足をドンドン床に押しつけたり、両手を上げてうれしい気持ちを表現したり。

3 感情を音で表現し、ストーリーにする （10分）

様々な感情を音や動きで表現してみます。楽器はそれぞれ音色が異なっているもののほうが出しやすいです。
「オニがきた〜こわいよ〜にげろ〜」
ドンドンドンドン……
「風が吹いてきた〜気持ちいいね」
ヒュルヒュル……気持ちいい

人前で発表するのに慣れていない子どもは、段ボールの中に入って音を出します。最初から一人一人、布をかぶって音や声を出せるように環境設定しておくと安心です。

この曲でもLet's try
♪23 おなかのへるうた
お腹が減って困ったな〜とユーモラスな顔や表現を楽しめます
♪47 サッちゃん
バナナが半分しか食べられない、かわいそうだね〜と共感を促します
♪65 だるまさん
にらめっこしましょう

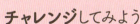

チャレンジしてみよう
- リズムにのって動きまわってから自由な表情の表現をすると、緊張感がほぐれます。
- 動き、声、楽器、段ボール、床など様々な音や表情で感情表現を促してみましょう。

振り返りをしてみよう
- 表情、ジェスチャーなどを豊かに伝えられましたか？
- 自信のない子どもに配慮できましたか？
- よい・悪いの評価をせず、どの子からもその子らしい表現を引き出せましたか？

子どもの発達と音楽表現　おおむね 3 歳

★片足立ちができる
★話の流れがわかる

Lesson 11 ジャンプ！と しゃがむ！

［リズムや音の高さを聞き取り、身体を動かすリトミックのワークショップ］

子どもがリズムや音の高さに耳を傾け、表現する機会をファシリテートしていきます。

たかい！

育てたい力

[表現力] [注意力]
[集中力] [聴覚―運動連合]

音の高い・低いを聞き分け、動きで表現できるようになります。

共感ポイント

- リズムや音の高さに合わせて身体を動かす楽しさを知ります。
- 仲間をリードしつつ部屋のあちらこちらを歩く楽しさを体験します。

準備物

なし

POINT

- ファシリテーターは、一番初めに「たかい！」と言う前に、十分に子どもたちの注意を集めてからジャンプしましょう。「何かおもしろいことが始まるよ！」という雰囲気づくりが大切です。
- 「たかい」と「ひくーい」を交互にやると子どもたちに見破られてしまうので、どちらかを 2〜3 回続けたあとに 1 回だけ行うなど変化をつけて、子どもたちをドキドキさせながら行いましょう。
- ファシリテーターの逆をすることを喜ぶ子どもが見られますが、これはファシリテーターや友達に注目されたいという気持ちの表れですので、温かく見守りましょう。

ワークショップの展開例 めやす 30分

1 「高い」と「低い」を表現する (5分)

子どもたちはファシリテーターの様子がよく見える位置に自由に立ちます。ファシリテーターが「たかい！」と高い声で言ってジャンプし、子どもたちにまねしてもらいます。数回繰り返したら、ファシリテーターは「ひくーい！」と、低くて太い声で言ってしゃがみます。これも子どもたちにまねしてもらいます。

ひくーい！

2 音程に合わせて動く (10分)

しばらくしたら、「前に出てやってくれる人！」と、やってみたい子どもを募ります。「はーい！」と答えた子どもに前に出てもらいます。

ファシリテーターはピアノで高い音（最も高い音域にある黒鍵3つ）を弾き、子ども全員で「たかい！」と言ってジャンプします。続けて低い音（最も低い音域にある黒鍵2つ）を弾き、子ども全員で「ひくーい！」と言ってしゃがみます。

3 部屋のなかで散歩する (2分)

「これからみんなでお散歩しましょう。出発！」と言って、部屋のなかを歩きはじめます。子どもたちがついてきたら、「窓の外にお庭が見えます」「絵本のコーナーがあります」などと周囲に対する子どもたちの注意を喚起します。

4 (3分)

子どもたちの歩調が安定したところで、「ひくい！」と言って突然しゃがみます。子どもたちがしゃがんだら、ファシリテーターはすぐに立ち、またお散歩を続けます。同様に、しばらくお散歩を続けてからしゃがんだり、すぐにしゃがんだりと、様々な間隔で繰り返しましょう。

5 場面を設定して散歩する (10分)

いったん終了し、一人の子どもにリーダーになってもらい、手順3を同様に行います。場面や状況を設定して行うことも試してみてください。たとえば海のなか、雪の日、森のなかなどです。

♪95 もりのくまさん

様々な歩き方がイメージできるように声をかけましょう

この曲でもLet's try
♪32 かえるのがっしょう
曲に合わせみんなでジャンプすると、とても楽しいですね

チャレンジしてみよう

● 「たかい」と「ひくーい」のあいだに「真ん中のド（一点ハ）」を弾いて「これは高いと低いのあいだで、ドーと歌ってください。両手でひざも打ちましょう」と言います。

振り返りをしてみよう

● ファシリテーターの動きは楽しい雰囲気でできましたか？
● 子どもの様子をよく見て、無理のない指示が出せましたか？
● 自分の準備したとおりにすることではなく、子どもの動きに合わせることを大切にできましたか？

子どもの発達と音楽表現　おおむね3歳

★ 思ったことを絵で表現するようになる
★ 位置（上下・前後）がわかる
★ 共同あそび、競争意識が出てくる

Lesson 12 ドードリング　　アートと音楽の融合

[なぐりがき・いたずらがきのワークショップ]

みんなと一緒にエネルギーを解き放ちましょう。

「大人も楽しめます」

育てたい力

[自由な表現力]

ウォーミングアップにリズミカルな音楽に合わせて身体を動かし、そのあとで行うと、手が勝手に動いて気持ちを楽に表現してくれます。両手にクレヨンを持つと、もっと自由に動きます。

共感ポイント

めちゃめちゃになぐりがきするチャンスは、子どもにもあまりありません。人の絵の上に描くのも普段はNGです。ドードリングでは思い切り身体を動かし、みんなと一緒に気持ちを解放しましょう。

POINT

「やってみよう！」「素敵な時間だね！」などと肯定的な声かけと、温かい雰囲気をつくりだします。「〜しない」など禁止事項はなるべく言わないように、環境設定をしておきましょう。

準備物

長いロール紙　　ブルーシート（床の保護用）
太いクレヨン
ファシリテーターの好きな曲。
CDも可　民族楽器やヒーリングの曲など、違う種類の音楽を準備します。

「おしゃべりしながらも描けるね」

ワークショップの展開例　めやす 40分

1 ウォーミングアップをする　5〜10分

アフリカンダンスのようなノリのよい曲で踊りましょう。

2 ドードリングを行う　15〜20分

好きな色のクレヨンを両手に持ち、さぁ自由に描きましょう！　場所を移動しても、人の描いた上に描いてもOKです。

夢中になって描く、描く

この曲でもLet's try

♪73 てのひらをたいように
ウォーミングアップのときに

♪76 でんでらりゅうば
ぐるぐる書きのときに楽しい曲です

3 エネルギーを感じて声を出す　10分

書き終わったあとのワーク例です。描いた絵はエネルギー。好きな場所に行って絵に手を当て、エネルギーを感じましょう。どんな声が出てくるかな？

みんなドードリングの下にもぐってしまいました

最後に破いてしまっても、すっきりしますよ。保存しておいて、発表会などの背景などに使うのもおもしろいです。

チャレンジしてみよう

- 腕を大きく動かしてみましょう。
- いろんな場所に行って、描いてみましょう。

振り返りをしてみよう

- 子どもが自分らしく表現する姿をみることができましたか？
- ほかの場所に自由に移って、のびのびと描くことができましたか？

子どもの発達と音楽表現　おおむね3歳

★ 自分で思ったとおりに作るのが楽しくなる
★ 見てほしい、認めてほしいという気持ちがたくさん出てくる

Lesson 13　なんでもパペット

[ワクワクドキドキ、表現力を育てるワークショップ]

アートで心をやわらかくしましょう。自分のパペットで一緒にダンスしたり歌ったりすると、表現力が伸びます。

共感ポイント
様々な手ざわり、素材からの発想と、ごっこあそびのコラボです。

育てたい力
[発想] [表現力]

キットは使わず、やり方も教えないで、子どもたちの思いつきを大切にフォローしてください。生まれてきたゆかいなパペットたちと即興劇で遊びましょう。

準備物

子どもの好きな曲
楽しくリズミカルな曲や静かな曲など、いろいろ試してみましょう。

スプーン、フォーク、スポンジ、セロテープ、モール、シールなど、小さい子でも簡単に作れる素材
なんでもパペットに変身させることができます。ビュッフェスタイルのイメージで、たくさん用意しましょう。

POINT
- だれでも知っている簡単な曲、リズム感のある音楽を使いましょう。
- パペットは子どもたちの分身です。かわいくない、変てこな部分も大事です。「すごーく変なパペット作ろう！」と誘ってみましょう。
- 大人も作って一緒に遊ぶといいでしょう。

ワークショップの展開例　めやす 40分

1 ウォーミングアップをする　5分

まず楽しい音楽で心と身体をほぐしましょう！　民族音楽、世界の音楽などからリズミカルなものを選ぶとムードが出ます。また、カラーショールを使うと、様々な動きが自然に楽しめます。

ほら、できた！

2 パペットを作る　20分

材料はできるだけ種類を多くしましょう。選ぶ楽しさが発想につながります。短い時間で加工できる素材で、いろんなパペットを作りましょう。へんてこりんな、ゆかいな仲間がぞくぞく生まれてきます。

3 パペットショーをする　15分

即興劇をやってみましょう。パペットの声で自己紹介したり、かくれんぼしたり、わらべ歌を歌ったり……。

♪80 とんでったバナナ

音楽・創作・動きは、融合すると素晴らしい表現力が生まれます。

チャレンジしてみよう
- いろんな材料を使ってみましょう。
- パペットになって声を出してみましょう。

振り返りをしてみよう
- 自分が作ったパペットは気に入りましたか？
- 子どもたちはパペットの気分になっていましたか？

子どもの発達と音楽表現　おおむね4歳

★イメージを共有したり楽しんだりして表現の世界を広げるようになる

Lesson 14 ドレミファ エアーふうせん

[音をエアー風船に吹き込んで、コミュニケーションワークショップ]

子どもが音の楽しさを感じ、自分なりのイメージ・創造力を育てることや、お互いにコミュニケーションを楽しむようにファシリテートしていきます。

> 実際に美しい色の風船を使ってもOK

> おとなりの人へ ハイどうぞ！

育てたい力

[自己表現力]
[コミュニケーションを楽しむ][想像力]

イメージを共有する楽しさ。だれも失敗したり、評価されない安心感。

共感ポイント

見えない風船に、順番にド・レ・ミと吹き込み、風船をふくらませるまねをしていきます。見えない風船をつくって渡すことで、相手に対する思いやりやコミュニケーションの力が育ちます。また、それぞれ違った表現を認めることができるようになります。だれも失敗せず、安心してコミュニケーションを楽しめます。

POINT

- 見えない風船は投げても渡しても割れない、だれも失敗しない不思議な風船です。
- 風船をふくらますことで、ドレミの楽しさを伝えます。
- 音がはずれたり、うまくできないのは気にしないで楽しみます。

準備物

美しい色の様々な風船があってもよい

想像力

ワークショップの展開例 めやす20分

1 見えない風船を手渡す 10分

みんなで円になって座ります。ファシリテーターが目に見えない大きな風船をつくって、右隣の子どもに渡します。その子から右へとどんどん渡していきます。大きくしたり小さくしたり、自由に目に見えない風船をつくって子どもに渡しましょう。

美しい曲を聞きながら風船をみんなでつくるのも楽しいですね

この曲でもLet's try
♪64 たまごたまご

2 風船に音を吹き込む 10分

ドの音で「ドー」と言いながら、見えない風船に息を吹き込むまねをし、次の人にそっと渡します。次の人は「レ」、その次の人は「ミ」の音を吹き込むまねをして、風船を少しずつ大きくします。

もっと大きくしたいなぁ

チャレンジしてみよう
- 隣の人だけでなく、正面や好きな人にパスするなど、渡す人の条件を変えてみましょう。
- 「ドレミ」だけではなく、「シュー」や「ふわふわ」などオノマトペをつけて渡すと、表現が広がります。

振り返りをしてみよう
- 子どもに理解できるようにわかりやすく説明できましたか？
- どの子どもにも励まし、認める言葉かけができましたか？

子どもの発達と音楽表現　おおむね **4歳**

★ 集中して音を聴く
★ 聴いた音・リズム・メロディーを自分なりに図や絵で表現する

Lesson 15　自分の音を見つけよう

[自分の好きな音を発見し、友達と共有するワークショップ]

子ども自らが自然にある音を発見し、
表現する機会をファシリテートしていきます。

育てたい力

[集中力] [音を聴く力]
[想像力] [共有する力]

ほかの人が聴いて自分が気づかなかった音を聴くうちに集中力もつきます。

共感ポイント

自然のなかにある自分の好きな音を発見します。鳥の鳴き声、葉が風で揺れる音など、子どもの想像力を育てるように、ほんの小さな音にも共感します。

準備物

スケッチブック
ペン、クレヨンなど
豊かな自然

POINT

- 自然の音を聴くので、集中するという感覚がわかるようになります。
- 人と感じ方が違うことは素敵なことだと説明します。
- 何をすればよいかわかるように、最初にモデルを示すとよいでしょう。

ワークショップの展開例 めやす 35分

1 耳を澄まして音を聴く 5分

ファシリテーターの好きな音を紹介します。たとえば、風、海、鳥の鳴き声など子どもにわかりやすいものがよいでしょう。目をつぶって、いまどんな音が聴こえるか、耳を澄ましてみます。

2 自然のなかで好きな音を探す 20分

いよいよ自然のなかで自分の好きな音を発見します。目をつぶって聴いてもよいでしょう。その音を自分なりに記録します。絵、記号、しるし、線など、子ども本人がわかれば、それでよしとしましょう。

3 発表する 10分

友達同士でどんな音が聴こえたか、いくつ音を発見できたか発表します。

チャレンジしてみよう

- だれかの図や記号、しるしなどの発表を聞いて、各自がイメージからどんな音かを想像します。
- 水、木の揺れる音、鳥の鳴き声など、自分なりに身体だけで自由に音をつくって、自然の音の合奏をすることもできます。

振り返りをしてみよう

- 子どもたちの豊かな創造性を認め、励ますことができましたか？
- みんな違って、みんなよいことを伝えることができましたか？

子どもの発達と音楽表現　おおむね 4 歳　★音の高低と動きを合わせられる

Lesson 16 ドレミファソで歌う・歩く・走る

[歌うことをさらに楽しくし、感受性を豊かにする リトミックのワークショップ]

手を動かしながらドレミを歌うことで、自分が思った音を楽しみながら歌えるようにファシリテートしていきます。また、リズムに合わせて身体運動を行うことにより、自分の身体を思ったとおりにコントロールできるようになります。

共感ポイント

- 声を出すことを楽しみます。
- 歩く、走るなど様々な速さ、力、空間を使った動きがあることに気づくことができます。

育てたい力

[自分の声を注意して聴く力][自分の声をコントロールする力]

自分の声の高さと動きを連合することができるようになります。

準備物

なし

ファシリテーターが旋律にドレミをつけて歌うこと（階名唱）に慣れていない場合は、事前に練習しておきましょう。

POINT

- 中にはなかなか音が合いづらい子どももいますので、その場合には少し強めに歌うことをアドバイスしたり、ファシリテーターがその子の近くで歌ったり、歌うリズムに合わせてファシリテーターと子どもが肩や腕にタッチし合うことで、高さが合いやすくなります。
- ソやミの高さが歌いやすい子どもが多いようです。慣れてきたらドやラなど様々な音高を用いることができます。

ワークショップの展開例 めやす 20分

《前半》 10分

1 歌声をマッチングさせる

ミあるいはソ（一点ホあるいは一点ト）の音で「おはよー」（譜例）と歌ってから、「ハイ」と促します。子どもたちはまねして歌い返します。

> 子どもたちの歌う音の高さが、ファシリテーターと合う（マッチングする）ことが大切です

〔譜例〕

お は よー　お は よー　お は よー　お は よー
（ファシリテーター）（子どもたち）（ファシリテーター）（子どもたち）

「こんにちは」などの挨拶にしたり、「りんご」「バナナ」といった子どもの好きな言葉を用いるのも効果的でしょう。

2 手を動かしながらドレミファソラシド（階名）を歌う

子どもたちに向かって座り、以下のように各音に対して手を動かしながら歌い、これを子どもたちが繰り返します。

ド　レ　ミ　ファ　ソ　ラ　シ　ド
ひざ　腰　お腹　両手を交差させて胸　肩　両手を広げる　頭　両手を上に伸ばす

〔旋律の例〕

ド レ ミ　ド レ ミ　ミ ファ ソ　ミ ファ ソ
（ファシリテーター）（子どもたち）（ファシリテーター）（子どもたち）

〔続きの旋律の例〕

ドの音で終わると落ち着いた感じになります。しばらく「ファシリテーターが歌う」→「子どもたちが繰り返して歌う」という練習を行ってみましょう。

チャレンジしてみよう

- ファシリテーターがピアノで旋律を弾き、子どもたちが聞き取る練習をしてみましょう。
- 子どもたちが聞いたことのある簡単な歌を階名唱するのも楽しい活動になります。

♪35 きらきらぼし、♪94 メリーさんのひつじ、かっこう

《後半》 10分

3 四分音符で足ぶみする

子どもたちと向かい合って立ちます。両手を元気よく振り、四分音符で「ターター」と言いながら足ぶみをします。子どもたちにもまねしてもらいます。

4 八分音符で手をたたく

足ぶみをやめ、手で八分音符を打ちながら「タタタタ」と言います。同様に子どもたちも行います。

5 四分音符と八分音符を混ぜる

次に四分音符（ター）と八分音符（タタ）を16拍ごと、8拍ごと、4拍ごと、2拍ごとに切りかえてやってみましょう。以下に例を示します。

〔譜例1〕

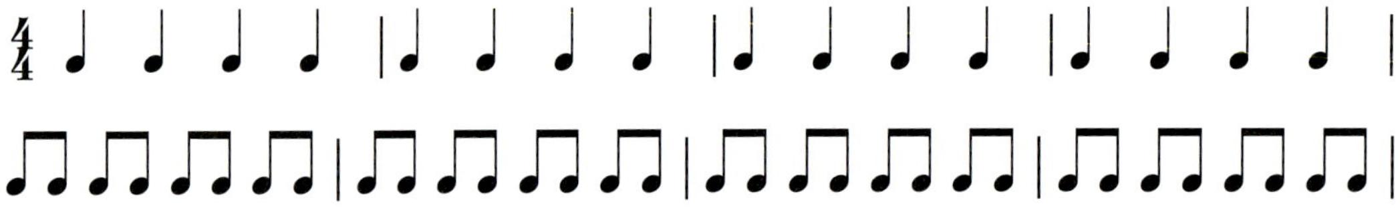

〔譜例2〕

〔譜例3〕

〔譜例4〕

チャレンジしてみよう

- 子どもたちのリズムが安定してきたら、「今度は私の逆をやってみてください」と言います。この場合も切りかえのタイミングが大切です。また、逆をする場合には、短い長さでの切りかえはとても難しくなりますので、子どもたちの様子を見ながらじっくりと、そしてリズミカルにやっていきましょう。
- 上記と同じ練習を四分音符と二分音符で行うこともできます。二分音符は「ターァン」と言いながら、両腕を左右にスイングさせます。

振り返りをしてみよう

- すぐできる子どもだけでなく、一人一人の達成を認めることができましたか？

子どもの発達と音楽表現 　おおむね 5歳

★シンプルな音符や動きを一致させることができるようになります。

Lesson 17　リズムdeごっこ

［リズムに合わせて身体を動かして集中力を高め、自由に表現するリトミックのワークショップ］

リズムに合わせていろいろな動きをし、豊かな表現力と自分をコントロールする力を養います。

「ター」

共感ポイント
生活のなかにある様々な動きとリズムの関係に気づいて、一緒に楽しみましょう。

育てたい力
[おもしろい動きを見つける力]
[リズムに合わせて表現する力]

準備物

音符カード
A4の大きさの紙で作ります。

ピアノかドラムかタンバリン

POINT

- 音符カードを見て手を打つとき、子どもたちに言葉や手の動きでリズムを伝えましょう。
- 動きを決めるとき、子どもたちに考えてもらいつつ、アイディアのきっかけを与えてあげましょう。たとえば、好きな動物や乗り物、季節柄、冬のお山にあるもの、夏の海の風景など。

ワークショップの展開例 めやす 20分

《前半》 10分

1. 音符カードを見せて、手で打つ

四分音符・八分音符・二分音符を下記のように言いながら、手で打ちます。

四分音符：ター
八分音符：タタ
二分音符：ターァン

2. グループに分かれる

1名または数名のグループを3つつくるように言います。

3. 動きを決める

各グループが四分音符、八分音符、二分音符のリズムを動きで表現することにします。

4. リズムに合わせて動く

ファシリテーターが楽器で3種類のリズムを演奏し、それぞれ該当するグループが動きます。

5. 全員が同時に動く

最後に「みんな一緒に！」と言い、3つのグループが同時に動いて1つの場面を表現します。例は「夜空とお散歩」です。

例

〔四分音符→お散歩〕

歩く

〔八分音符→流れ星〕

両腕を後ろに伸ばして走る

〔二分音符→お月様〕

両手を左右に広げて円をつくり、左右にゆっくりスイング

《後半》 10分

6 上半身だけで表現する動きを考える

まず子どもたちと話し合い、上半身だけでできる、四分音符・八分音符・二分音符を表す動きを挙げて練習します。

例〔四分音符→おにぎりを握る〕

〔八分音符→野菜をトントンと刻む〕

〔二分音符→スープを吹いて冷ます〕

7 四分音符のリズムで歩く

みんなで大きな輪をつくって、ファシリテーターが楽器で打つ四分音符の速さに合わせて歩きます。

8 歩きながら上半身で表現する

歩調が安定してきたら、ファシリテーターが「おにぎり！」と言います。子どもたちは歩く速さ（四分音符）と同じ速さでおにぎりをにぎります。以下同様に、「トントン！」と言ったら八分音符を、「フーッ！」と言ったら二分音符を歩きながら表現します。

すべらないように靴下を脱ぎましょう

9 リズムを変えて上半身で表現する

手順8の練習を（八分音符で）走りながら、あるいは（二分音符で）ゆっくり歩きながら行います。

10 リズムと動きの組み合わせを変える

うまくいったら、子どもたちに「走りながらおにぎり」「ゆっくり歩きながらトントン」のように好きな組み合わせを言ってもらい、みんなでやってみます。

チャレンジしてみよう

- みんなでできたら、一人でもやってみましょう。
- 少し速め、あるいは少しゆっくりめのテンポでやってみましょう。

振り返りをしてみよう

- 子どもたちが自分でおもしろい動きを見つけて楽しみながら表現できていましたか？
- 2つのリズムがはっきりと表現できましたか？
- 四分音符（ター）が八分音符（タ）の2倍の長さになっていましたか？　初めは大体でよいのですが、徐々に正確になるように促しましょう。

子どもの発達と音楽表現　おおむね 5歳

★ お話のストーリーと音楽のイメージが結びついてきます
★ 表現力や創造性が伸びてきます

Lesson 18 紙芝居

[音楽リズムとおはなしを楽しむワークショップ]

オリジナルの紙芝居や既成の芝居に音やリズムをつけて、音楽表現を楽しみましょう。

「おもしろいおはなしだね〜」

共感ポイント
絵やおはなしを見ながら、音やリズムをつけて楽しみます。

育てたい力
[表現力] [リズムや音で感情を表現する力]

準備物

紙芝居
太鼓や民族楽器
チャイム
身体をたたくボディパーカッション

POINT
- 紙芝居はおもしろくて音やリズムの繰り返しが多いものを選びます。
- オノマトペ（トントン、プ〜）などが出てきたら、そこで演奏したり動いたりします。

ワークショップの展開例

1. 子どもたちに紙芝居を読み、ストーリーを楽しみます。

片足で止まってるよー見て見て〜

この曲でもLet's try

♪31 おんまはみんな

2. 楽器を配り、紙芝居のストーリーのなかからリズムあそびや歌の出てくる場面を取り出して、音楽表現を楽しみます。

ナレーション

| どこからか音楽が聞こえてきました | → | パッパカパッパカとことんとん |

子どもたちも一緒に跳ねたりリズムを演奏したりします。

3. 紙芝居を最初から読みます。事前に取り出して練習しておいた部分になったら、リズムにのって演奏したり走ったりします。

サンプルとして、障がいのある子どもと2頭のリトルホース"ジャックとダンディ"の物語（オリジナル）の紙芝居を次ページに載せました。一緒に歌ったり踊ったりして仲良くなるお話です。参考にお使いください。

チャレンジしてみよう

● ペープサートやパペットで、ミュージカルのように一緒に歌ったり踊ったりして楽しむこともできますね。

振り返りをしてみよう

● 動きのパターンを決めすぎず、子ども一人一人の表現を尊重することができましたか。

Lesson 18 紙芝居

絵：緑川まゆ　文：平島素子、星山麻木

絵 1

裏 文1　絵 10の裏
ジャックとダンディどうしてるかな？

「ジャックとダンディ」まで読んだら、子どもたちも一緒に「どうしてるかな？」と言うと、盛り上がります。

絵 2

裏 文2　絵 1の裏
ブルルー、ブルルー。
バイクのおとがして、
しいくいんがやってきました。
ジャックとダンディの、
あさごはんのじかんです。
むしゃむしゃ、ごっくん。
たくさん、ほしくさをたべました。

「ブルルー、ブルルー」のところで音やリズムをつけて楽しみます。「むしゃむしゃ、ごっくん」もみんなで食べるまねをします。

絵 3

裏 文3　絵 2の裏
「おでかけ？」
よっしーがききます。
「そうだよ」
まず、ダンディが、ぴょ〜ん！と、
くるまにとびのります。
つぎに、ジャックが、ひょい！と、
くるまにとびのります。

「いちにのぴょ〜ん！」などと強調すると、子どももその場で飛び上がる動作をしてくれます。

絵 4

裏 文4　絵 3の裏
ブロロロロロー。くるまのしゅっぱつです。
「いってらっしゃーい！」
よっしーとおかあさんがてをふっています。
「いってきまーす！」
ジャックとダンディはまえをむいて、
ほいくえんをめざします。
「きょうは、どんなこにあえるかな？」
ジャックとダンディの、たのしいほうもんのはじまりです。

一緒に手を振るとよいですね。

絵 5

裏 文5　絵 4の裏
ジャックとダンディは、
ちょっぴりドキドキ、そして、
とってもたのしみです。
げんきにはしりまわるこどものなかに、
あれ？　くるまいすにのっている
おんなのこがいます。
ジャックとダンディをそっとみています。

「あれ？」のところは少しびっくりしたように。

「おはよう。こっちにおいでよ!」
ジャックがしっぽをパタパタふりました。
「ぼくのせなかにのってみない?」
ダンディがピョンとジャンプしながら、いいました。でも、おんなのこはうつむいたままです。
「わたし、あるけないの。のるなんてむりだわ。
おともだちがはしっているのをみていると、
さみしくなるの」

そこに、しいくいんさんが
トコトコやってきました。
「しんぱいいらないですよ。だいじょうぶ。
ダンディのせなかにのってみようか?
おてつだいしますよ」
おんなのこは、ちょっとびっくりしましたが、しいくいんさんは、そっとだきあげ、ダンディのくらのうえにおんなのこをひょいっとのせました。

「わあーダンディのせなかって、
あったかい。とおくのけしきがみえる!
きもちいいなあ」
ダンディがゆっくりあるくと、おんなのこの
からだは、じょうげにすこしゆれました。
すると、おんなのこは、
ふしぎとたのしくなってきました。

上下に一緒に揺れてみます。

どこからか、うたがきこえてきました。
「ぱっぱか、ぱっぱか、とと、とんとん」
おんなのこは「ふふ!」と、
おもわずわらいだしました。

ここでほかのファシリテーターにピアノを弾いてもらったり、リズムを入れてもらいます。

「♪ぱっぱか、ぱっぱか、とと、とんとん」を好きなメロディーで歌ってみましょう。

ジャックとダンディもたのしくなってきました。
あたたかいひざしのなかを、おんなのことジャックとダンディは、「ぱっぱか、ぱっぱか、とと、とんとん」と、はしりました。
くるまいすにのっているこどもをみかけたら、そっとはなしかけてみてください。きっとおともだちをまっていますよ。ぱっぱか、ぱっぱか、とと、とんとん。
みんなでうたったら、こころのなかがポカポカして、
きっとたのしくなることでしょう。
おしまい

子どもたちみんなで一緒に歌います。リズム楽器を一緒に振ってみるのもOK。

子どもの発達と音楽表現　おおむね 5歳

★ 想像力が発達し、動きや音楽で演じたり表現できるようになります。

Lesson 19 かげえあそび
[影絵で音を楽しむワークショップ]

影の動きに合わせて音をつけたり、声を出したりして表現あそびをします。

♪まえ〜まえ〜
うしろ〜うしろ〜
大きくなあれ
小さくなあれ〜♪

共感ポイント
自分で影を自在に動かす楽しさを味わいながら、いつもと違った新しい身体表現を試してみましょう。

育てたい力
[想像力] [表現力] [リズム]

感情に沿って音楽表現を楽しみます。そのシーンに合わせて即興的に考える力をつけます。

準備物

シーツなど大きめの白い布
（物干やレールなどからつり下げます）

間接照明などのライト
（シーツの後ろから光を当てます）

楽器（太鼓、タンバリン、カスタネットなど）

その他、あればカラーセロファンとクリップ
（光の色を変えられます）

POINT
- 最初は慣れないので、ファシリーテーターからいろいろな影や形を積極的に見せたり、音楽を使ったりして、自然と興味をもてるようにしてみましょう。

ワークショップの展開例 めやす **45**分

1 影をつくってみる 15分

まず布とライトをセットし、子どもが2つのあいだに立ってみて、影が布に写っているのを確認しましょう。近づいたり離れたりすると、影が大きくなったり小さくなったりします。慣れるまで少し遊んでみましょう。

2 影と踊る 20分

ファシリテーターが楽器を鳴らし、子どもがリズムに合わせて自由に身体を動かしてみます。徐々にリズムを速くしたり遅くしたり、また、楽器を足していっても楽しいです。

途中、ライトにクリップでカラーセロファンを止めると、光の色が変わって違った雰囲気を楽しめます。だんだん人数を増やして最後はみんなで踊ってもOK！

3 クイズ「これ、なーんだ？」で遊ぶ 10分

好きな動物や乗り物、食べ物などのお題を決めて、一人ずつそれを影で表してみましょう！ 見ている人にそれが何だか当ててもらいます。当てるのが難しい場合は声も出してもらいましょう。

火や風、樹などの自然のものや、海やジャングル、工場などどこかの場所や風景を表してもよいです。みんなで音を出すと、さらに盛り上がります。

この曲でもLet's try

42 こぎつね
44 ことりのうた

チャレンジしてみよう

- 影と踊るとき、何人かで行う場合は順番に並び、一人8カウントずつ踊ってから交代していきましょう！
- だんだん人数を増やして、グループで1つのものをつくってみます。声も出してみましょう。

振り返りをしてみよう

- 影絵ならではの動きを楽しめましたか？
- いろいろな表現を引き出せるよう、音や光などで働きかけができましたか？
- 動いた人と見ていた人が、お互いに感想を伝え合うことができましたか？

107

子どもの発達と音楽表現　おおむね 5歳

★美しい布、羽根、リボンなどモチーフから感性豊かな音楽性が発達します。音楽と動きでそれぞれ個性豊かに表現できるようになります。

Lesson 20 感じて動こう　Creative Movement

[ストーリーをつくって音楽を楽しむワークショップ]

布や身体を使い、自然の情景を思い浮かべながら思い思いの感じ方で動きます。

音楽の美しさを動きで表現！

共感ポイント
様々な音楽を聴きながら、お互いに感じるまま身体で表現します。

育てたい力
[空間の構成力]
[音楽の美しさ]
[即興する力]

準備物

チャイム
太鼓

美しい色の布 など

POINT

- 振りつけを覚えるのではなく、感じたままを表現します。
- 音楽は、リズムや旋律により子どもたちの動きを引き出し芸術性の高い表現へと導きます。たとえば……

  バロック音楽（規則性のある動き）：バッハ、ハイドン
  ロマン派の音楽（鳥や水や流れの動き）：モーツァルト、リスト
  現代の音楽（型のない自己表現）：シェーンベルグ、武満徹、民族音楽（アフリカンダンスなど）

海外のワークショップ例

太鼓や打楽器の音に合わせてハイハイしたり、虫や動物をイメージして動きます。

「カチカチカチ」、規則正しいリズムに合わせて空間のなかに直角に身体を置く練習です。

決められた振りつけではなく、現代音楽に合わせて呼吸や流れを大切に、旋律を感じるままに動きます。

自分らしく、全体構成を考えながら即興的に動きます。音楽はモーツァルト、バッハ、現代音楽と様々なものを使用します。

あらかじめファシリテーターが丸太や色画用紙、リボンなどを使いデザインを考えておきます。子どもたちはバロック音楽に合わせて歩くだけという、感受性重視のワークショップです。

長いスティックを持ち、即興的に美しいと思う姿勢で止まります。太鼓の音が2つ鳴ると止まり、1つ鳴ると再び動き出すというように、シンプルな合図をします。

Workshop

ヨガのポーズも音楽と合わせると、集中力やリラクセーションなどの力が育ちます。

美しい色のリボン（紙テープ）などを重ねて持ち、リズム感のある音楽や打楽器に合わせてジャンプしたり、クルクル回ったりします。振りつけは決めないことが重要です。

長いリボンを使ったワークショップ。太鼓が鳴ったら止まります。

幼児のクラス。ビーンバッグ（豆の入った小さなバッグ）で橋を作り、そのあいだを一列になって渡ります。音楽はヘンデル、バッハなどのクラシック音楽。

リボンを三つ編みにして道を作り、二人組で音楽に合わせて歩きます。音楽は水の音などをモチーフにしたヒーリング音楽。

ストレッチ布を引っ張ります。太鼓のリズムに合わせて止まったり引っ張ったりして、様々な形を作ります。

クリエイティブ音楽ムーブメントのモチーフあそび、
パラシュート、リラクセーションなどについて詳しく学びましょう。
また、ピアノの弾き方、打楽器の活用も
実践的に学びましょう。

特集 あなたもできる！
クリエイティブ音楽ムーブメント

　理論編Lesson14でご紹介しましたが、ここではクリエイティブ音楽ムーブメントを行う際の実践例を解説します。

　クリエイティブ音楽ムーブメントは、欧米のMUSIC MOVEMENTを基礎に日本で約20年間行われてきた、創造的な音楽表現の方法論です。このワークショップでは子どもの安心感と自発的な動きを促すことを大切にしています。そのため、ほかの子どもと比べたり、競争させたり、出来栄えを評価することを避けるようにしています。また、保育者や保護者も共に創造性や子どもとのかかわり方を学び合うことを大切にしています。

　ファシリテーターは指導したり、教えたりしません。それぞれの子どものなかにある気持ちを表現できるように促していきます。子ども自らが音や音楽を発見できるような環境をつくりだすことが役目です。

大切にしたいこと

子どもの笑顔、参加する人の笑顔

子どもと大人がリズム・旋律・楽しさ・美しさなどに共感する気持ち

子どもの発達をよく理解していること

マニュアルを使わず、即興を大切にすること

子どもはそれぞれに違った表現をすることを推奨すること

同じであることや競争は求めない

子どもも大人も共に楽しむこと

子どもも大人も豊かな時間を過ごすこと

流れについて [p.59参照]

決まった流れやマニュアルはありません。子どもの集団の大きさや年齢に合わせて、展開を自由に変えていきます。ここでは基本の流れを、おおよそ45分のセッションを参考にご紹介します。

1 スキンシップあそび [実践編Lesson1〜3参照]   めやす 5分

安心感を大切にするため、自由な雰囲気をつくりだしながら、その場に慣れることを大切にします。揺れたり、くすぐりあそびをして心をほぐします。

2 楽器あそび [実践編Lesson7、9、10参照]   めやす 5分

民族楽器や、さわったり、なめたりしても安全な楽器を人数分より多く、様々な種類を準備します。鈴だけなど同じ楽器にすることはなるべく避けるようにします。ユニバーサルデザインの考え方により、子どもによって好きな音色や使いやすさが異なることを重視しているからです。

3 モチーフあそび [p.114〜118参照]   めやす 15分

子どもの音楽性・感性・動きを引き出すために、あらゆる素材を使います。たとえば、フープ、ロープ、フリスビー、ビーンバッグ、マラカス、パラシュート、布、しゃぼんだま、石、リボン、羽根、葉っぱ、花、風船、紙、スティック、タオル、チャイムなどです。環境と音楽は深く結びついているので、教室に飾りつけをしたり、いつもと違う雰囲気づくりをします。

4 パラシュートあそび [p.119〜120参照]   めやす 10分

1枚の布や大きなパラシュートを全員で持って、振ったり、くぐったりします。クリエイティブ音楽ムーブメントで使うパラシュートは、運動会の演技などとは目的が異なっています。だれかと感動を分かち合うことを大切にしていますので、ファシリテーターは子どもの動きをよく見て、柔軟に動きを誘導していきます。

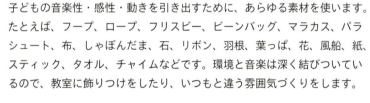

5 リラクセーション [p.121〜122参照]   めやす 5分

寝っころがったり、伸びをしたり、呼吸を整えたりします。ヨガを取り入れると、とてもリラックスできます。

6 コミュニケーションと振り返り [実践編Lesson8、18、p.123参照]   めやす 5分

最後は、お互いのコミュニケーションを大切に振り返りをしたり、自己紹介をします。それぞれ好きなパペットを選んだり、好きな色のマットやクッションに座ったりして、楽しかったことを話し合います。

3 モチーフあそび

フープ

[遊具と遊びの意味]

フープで囲まれた丸い空間をつくることができ、動の広がりを演出する楽しい道具です。グルグル回して音楽をつけたり、投げて取ったり。様々な動きが音で広がるように、創造的に考えましょう。水たまりに見立てて「ちゃぽん！」と入り、カエルになるのも楽しいですね。

基礎編

- フープを転がし、音楽に合わせて取りに行きましょう
- フープを立てて、トンネルにします
- ロープにフープを吊るし、小さい子は手を伸ばし、揺らしながらさわります。大きい子はくぐったり、またいだりする。このとき高低差もつけるようにします。高いところは高い音、低いところは低い音をつけます
- フープの中をのぞいて、顔を入れたり手を入れたり、違う世界をのぞくようにお母さんと「ばあ！」と言ったりして遊びましょう
- 二人一組、または親子で引っ張りあう。小さく・大きく引っ張ります。大きい音のときは大きく、小さい音のときは小さく引っ張ります

- 手首を使い、フープを回転させる。片手・両手でできたら、みんなで一緒に「1・2・3！」でやってみる。音楽に乗せてくるくる回る様子に合わせて、手拍子でリズムをとってみるのも楽しいですね

【見立てあそび】
- ハンドルにしたり、♪58 せんろはつづくよどこまでもや♪汽車ぽっぽを歌いながら演じます
- 小さい子は大人の前に座りフープをかぶせ、♪バスごっこに合わせてお母さんが揺らしてあげる。途中「おっとっと」と前後左右に傾ける。傾く方向によってリズムや音色を変化させましょう

応用編

- フープを様々な隊形に変形させて、並べる。まっすぐ並べて両足とび。ジグザグに並べて歩く。1つ2つと交互に並べ、ケンケンパー。ジャンプに合わせて音やリズムをつけます
- 二人で持ち、♪82 なべなべそこぬけを歌いながら、ひっくり返り、戻ります

- フープの中にボールを入れます。円を描くようにフープを動かしてみます
- 転がしたフープの中に、音が止まったら飛び込みます
- フープをひもなどでランダムにつないでジャングルジムを作り、冒険に出かけるのも楽しいですね

ロープ

[遊具と遊びの意味]

形が自由に変えられ、色も赤・黄・緑・青などいろいろあります。みんなで円になって引っ張りっこをしながら、わらべうたを歌うこともできます。波や海に見立てて歌ってもいいですね。

基礎編

- 自由に触れます：持つ（一人で。相手と）、結ぶ、つなぐ、巻く、並べる、掛ける、通す、引っ張る、など
- ロープを引っ張りながら歩いてみます
- 持って揺らします（一人で。相手と。いろいろな揺らし方を考える）
- 複数で円になってロープを持ち、音楽に合わせてロープを右から左へと回していく

- 電車ごっこ。♪汽車ぽっぽやバスなど乗り物の歌がGood

【平面あそび】
- ロープで枠を作り、合図で中に入る
- 枠を池や水たまりやお風呂など、いろいろなものに見立てて、音が止まったらジャンプして円の中に入る
- お風呂に見立てて、「あちち！」などと遊ぶのも楽しい
- ♪18 おしくらまんじゅうに合わせてロープから出ないように、おしくらまんじゅうをやってみましょう

【空間あそび】
- ロープに高さをつけます。高くしながら高い音、低くしながら低い音を聴く
- 天井から下げる

応用編

- ロープを使って即興ダンスをします
- ロープに鈴などを通し、振ると音が出るようにします
- 部屋に張ったロープに音が出るものをぶら下げ、ロープを揺らすことで即興演奏をします

【空間遊びの応用】
- ロープやオーガンジーの布を使って天井などにぶら下げ、空間を彩ります

- 部屋に張ったロープにいろいろなオーナメントをぶら下げます

【森あそび】
- 木々に結びつけて森探索のコースを作り、ロープを伝って歩いていきます。好きな歌を歌いながらロープを伝って歩くと楽しいですね
- 木にぶら下げてブランコをします。歌いながら揺れてみます

フリスビー

[遊具と遊びの意味]

レクリエーションの印象が強いですが、子ども用に形の変えられる柔らかいフリスビーなど様々な種類や色があります。太鼓に見立てて楽器の演奏と組み合わせたりと、動きが広がります。

基礎編

- 揺らす
- 丸める
- 隠す
- 頭にのせる（各部位に）
- 落とす
- こする
- つまむ
- くっつける
- タッピング（フリスビーを両手に持って優しくマッサージするように触れます）
- 太鼓のようにたたく
- 飛ばす（高さを変えます）
- すべらす
- 転がす
- 回す

応用編

- 並べたフリスビーの上を、小石を置いたときのように歩く
- フリスビーをスケート靴のようにして、すべって歩きます
- フリスビーを重ねて、サンドイッチやハンバーガーに見立てて、食べるまねをします
- 1枚持って、ハンドルにして歩いたり走ったりします。音楽が流れているときは歩いたり走ったりし、音が止まったら止まります
- 身体の好きなところにのせて♪80 とんでったバナナを歌いながら歩き、最後に投げる
- 2枚持って、♪70 ちょうちょうを歌いながら羽のようにヒラヒラさせて飛びまわります。曲の終わりに投げます

ビーンバッグ

[遊具と遊びの意味]
西洋お手玉のビーンバッグは、中に豆やプラスチックが入っている小さな袋です。自分で色や形を考え、手作りすることもできます。音楽に合わせて投げたり、頭の上にのせたり、切符に見立てて♪バスごっこの歌も楽しいですね。

基礎編

- 歌を歌いながらビーンバッグを部屋中にまいていき、落ちるときのポトッという音を親子で感じながら拾っていきます
- ♪58 せんろはつづくよどこまでもを歌いながら歩きます

ビーンの音を感じるように、歌、音楽、動きを楽しみます
- 音が聞こえるかな？ 耳元で振ってみる。歌に合わせて、2つ持ち、パタパタ、床とんとん。そのとき強弱、速い・遅いなど変化をつけます
- 歌いながら身体をタッピングします。トントンしたり、すべらせたり、ごしごししたりします

- 歌いながら投げます。ビーンバッグが落ちる音を意識できるように。♪4 あめがぽつぽつの歌がぴったりです
- 投げて、音が止まったら止めます。音と動きの連動で、一体感・感動が生まれます
- サンドイッチを作ろう！ どんなパンができるかな？
- 歌いながら1つずつ積み重ねる。大小の山ができたら、ギューッと乗ってみたり跳んだりします
- 身体の好きなところ（頭、肩、背中、手）にのせ、音楽にのって歩いてみます
- ビーンバッグを積み上げ火に見立てて♪60 たきびを歌います

応用編

ビーンの音・形・色を感じるように、歌・音楽・動きを楽しみます
- 円になり、「どんな色・形が好き？」と一人に聞き、たとえば「赤い丸の形」と答えたら、みんなで同じビーンバッグを探します。順番に聞いて探しっこも楽しいですね。一人一人に注目し、かつみなで共有します

- ビーンバッグを持って歩き、音楽が止まったら、どこかにのせてポーズ。再び歩き、音楽が止まったら、次は大人とビーンバッグをタッチし、くっつけたまま上へ下へ動かす
- 後ろに投げたり、すべらせて部屋に広げる。踏まないように歩き、音楽が止まったら好きなビーンバッグに乗ります

ガチャポンマラカス

〔遊具と遊びの意味〕

プラスチックの丸い玉の中にビーズやマカロニを入れ、開かないようにセロハンテープできっちり止めれば、振ると音が出る手作り楽器になります。ペットボトルでも代用できます。転がしたり振ったりと、楽しいリズム楽器です。

基礎編

- 見る
- さわる
- 動かしてみる（動かしてもらおう）
- 中のビーズなどの動きを見る（床で。光にかざして）
- 並べる
- 鳴らす（1つで、2つを合わせて）
- 音を聴く
- リズミカルに、速さを変えて身体をタッピングします
- 自分の身体で転がします。大人と一緒に膝から転がしたり、1・2の3のリズムに合わせ転がすのも楽しいです
- 転がして、音が止まったら追いかけます
- ♪89 まつぼっくりに合わせて転がしたり歌ったりします
- 歌を歌っているあいだは自由に、あるいはタイミングを合わせて一度にみんなで転がすと楽しいです

応用編

- 床に置いて、「♪クルクルクルまわれ〜！」などと歌いながらコマのように回してみます
- 一本指で回すなど、子どもと回し方を考えてみます
- 持ち上げてみる（手全体で。指で）。次に落としてみる
- ♪雪やこんこんなどを歌いながら、雪だるまなどイメージを広げ、マラカスを重ねます
- 鳴らしながら歩く・走る。止まったら、投げたり・転がしたりしてみましょう
- 音楽に合わせて、踊りながら、ジャンプしながら鳴らしてみます

パラシュートあそび

市販のパラシュートは大・中・小、様々な大きさや素材があります。5～10人くらいで端を持って広げ、パタパタと振ったり、包んだり、引っ張りっこしたりと、100種類以上の遊び方がある、とても豊かな遊具です。パタパタと音を立てて海の歌を歌ったり、泳ぐまねをしたり、ボールを入れてぐるぐる回りながら♪12 インディアンがとおるなどを歌うと楽しいですね。

こんなふうに展開してみよう 基礎編

1 ファシリテーターは、小さく丸めたパラシュートを袋に入れたまま子どもの前に置きます。「これなんだろう？ さわってみる？」「カシャカシャって音がするねぇ、ここひっぱってみる？」

2 少しずつ出して、だんだん大きくしていく。「大きなまあるい、お名前はパラシュートです。手でさわってみようか？」

3 みんなで両手でパラシュートの端をしっかり持ち、パタパタさせる。「あ～動き出したねえ」。楽しい歌に合わせて振ってみる。

4 パラシュートの上を歩きます。「みんなが応援してるよ。パレードみたい」

♪24・25 おはながわらった
フレーズの変わり目に止まったり集まったりします。

5 大人がパラシュートを持って大きく上下させる。「ちょっと仲良くなれたかな。次はパラシュートをゆっくり、うえうえ～したした～。あれ～向こうのお友達がみえたよ～、もぐって近くまで行ってみようか？」

6 子どもがパラシュートの上に乗って遊ぶ。「お客さまがみんな座れたら、パラシュートが回りはじめます。あれあれ、メリーゴーランドみたい。お歌も歌ってみよう」

> 大人が大勢いるときは、大人がパラシュートを持ちます

> 年長児はグループを「乗る子」と「回す子」に分けて、役割交代します

7 「最後はみんなの力でパラシュートを飛ばそう。ゆっくり大きく、うえうえ～したした～。いくよ～、いちにのさ～んで手を放してね」「大成功、飛んでいったね～。拍手、パチパチ～」

クリエイティブ音楽ムーブメント

119

こんなふうに展開してみよう 応用編

1 ファシリテーターはパラシュートの両端をそれぞれ持ち、波のように動かす。

2 部屋の端で待つ親子のほうへ、パラシュートをひらひらさせながら走ります。子どもたちはパラシュートに向かって走る。
♪91 みつばちぶんぶん

3 パラシュートをトンネルにして中を通る。高さを変える。逆にし、橋として上を歩く。
♪102 ロンドンばしがおちる
フレーズの切れ目にパラシュートで包むと楽しいです。

♪53 10にんのインディアン
歌いながらくぐったり、隠れたり近づいたりします。

4 パラシュートの周囲を全員で持ち、曲の高低に合わせて上下左右に動かす。

5 みんなで立ってパラシュートの周囲を持ち、右回り・左回り。♪77 とけいのうたを歌いながら動くと楽しいです。

6 「ワンツースリー！」のかけ声でパラシュートを床につけ、山にしても楽しいですね。

7 パラシュートを大きく上下に動かし、「いちにのさん」のかけ声で一斉に手を放し、飛ばす。

※クリエイティブ音楽ムーブメントをさらに学んでレパートリーを広げたい方は
→hoshiyama-lab.com

5 リラクセーション

リラックスタイムはワークショップの後半にもってきます。静かに集中できる時間、自分の身体と向き合う時間を大切にします。しゃぼんだまの歌を歌ったり、美しい音楽を聴いて楽しみます。

♪52 しゃぼんだま
　美しい旋律でゆっくりくつろぎます。

クリエイティブヨガであそぼ

子どもと楽しむヨガのポーズをファシリテートしていきます。

適応年齢

4歳頃～。

効果

ヨガはホルモン・血液・生命のエネルギーの流れをよくするのに効果的です。普段使わない身体の部分を使うため、左右・上下・内外など、心身の調和がとれるようになります。

準備物

ヨガマットまたはバスタオル
汗ふきタオル
CD（ヒーリングミュージックまたは童謡など、子どもの雰囲気に合わせて、ゆっくりしたものを選びましょう。）

雰囲気づくり

リラックスできる静かな空間をつくります。いつも元気いっぱい、走り回っている子どもですが、静かなポーズを取り入れると、音楽に耳を傾けることができるようになります。およそ2つの方法があります。
①最初に身体を思い切り動かすポーズを取り入れ、少し疲れたところでカーテンを引いたり、明かりを暗くする方法。
②最初から照明を少し落とし、静かな音楽を流しておいて、子どもを招き入れる方法。

POINT

無理をさせないでポーズを楽しむことが大切です。ポーズ中は呼吸を止めないようにと、つねに伝えましょう。

クリエイティブ音楽ムーブメント

付録

ワークショップの展開例

子どもでもできる簡単なポーズをいくつかやってみましょう。
まず、ヨガマットまたはバスタオルを一人1枚ずつ広げて並べます。

木のポーズ

1 まっすぐに立ち、足の裏で大地をしっかり踏みしめます。

2 片足を上げ、反対側の足首かふくらはぎ、または太ももにあてます。その子のできるところを選ばせましょう。

3 両腕を頭の上に伸ばし、手のひらを合わせます。その姿勢で3秒くらい静止します。

4 体がふらつかないよう集中して行うように伝えます。

効果：バランス力がアップし、集中力がつきます。

ペアでピラミッド

1 向かい合って体育座りをして手をつなぎましょう。

2 足の裏を合わせてタイミングをはかりながら、足を持ち上げていきます。

3 ひざが伸びたところでストップです。できない場合は持ち上がるところまででストップし、3秒くらい静止します。無理はしないで相手とポーズを行う楽しさを感じることを大切にしていきます。

効果：内臓を刺激して、消化不良や便秘に効きます。

弓のポーズ

1 うつ伏せに寝て、手で足首を持ちます。

2 上から引っ張られているようなイメージで手を持ち上げていきます。お腹と腰の後ろが伸びていることを感じていきます。

3 両足をなるべく同じ高さにするように伝え、3秒くらい静止します。

効果：気持ちが晴れ晴れし、血液の流れがよくなります。

ポーズに慣れてきたら、音楽が流れているときは自由に動きまわらせ、音楽が止まったら子どもの好きなヨガのポーズをさせるなど、子どもの発想力をふくらませていきましょう。

コミュニケーションと振り返り

♪83 パンやさんにおかいもの
♪85 ふしぎなポケット

クリエイティブ音楽ムーブメントでは、最後にみなで輪になって座り、流れを思い出したり、感想を話したり、振り返りをして共有します。

今日どんなことをしたのか、何か楽しかったのか、最初から思い出して共感することを大切にします。かならずしも言語化して話さなくてもかまいません。

子どもと共有するときには、なるべく具体的に1つずつ活動を思い出せるように工夫します。たとえば、最初のスキンシップあそびでは、こちょこちょの仕草をしながら「いっぽんばしこちょこちょ、やって楽しかったね。どうだった？」などときっかけを与えて、子どもが思い出すようにします。

「こちょこちょってすると……どうだった？」などと問いかけて止めると、子どもたちは首をすくめたりします。そしたら、「そうだね、くすぐ……」と話しかけて、わざと止めたりすると、「くすぐった！」と言葉を促すきっかけにもなります。

また、「♪いっぽんばし」と歌いかけると続きを歌ってくれる子どももいます。このように過去の場面を再生することで、音楽を自分で楽しめるように記憶の定着を促すことができます。

楽器あそびでは、リズムやフレーズを復習することもできます。「♪とんとんとん」「こんなふうにたたいたね！ もっと速くできるかな？ 床でやってみよう」というような語りかけです。そこで少し展開させて、一緒に指揮者になり、使ったリズムなどを楽しむのもよいアイディアです。

モチーフあそびでは、「今日は楽器あそびの次に何して遊んだっけ？」などと問いかけてみると、子どもは思い出すことができます。使った布やパラシュートなどを隠しておき、ちらっと見せて思い出せるようにするのもよいアイディアですね。

大切なのは、表現の時間を振り返ることで自分を大切にする気持ちを育て、それぞれの子どもの自信を育むことです。お互いに「こんなことが楽しかった」と思い出したり、「○○ちゃん、太鼓たたくのうまかったね！」などと一人一人のよかったところを発表したり、ほめたりします。

年長児では自己表現に発展させるために、好きな楽器や好きな色のシートを各人が選び、言語の学習につなぐこともできます。たとえば、みなの顔が見えるように輪になって座ります。そして、「好きな楽器を選びましょう」「どうして好きなのか発表してみましょう」というように子どもに話しかけ、ファシリテーターが先にモデルを示します。

「今日は、私は太鼓を選びました。どうしてかというと太鼓はとても楽しいリズムが出るからです」「やってみます。♪ドンドンドンドン」というような具合です。

次に、発表したい子どもに発表してもらいます。「ぼくは○○を選びました。どうしてかというと、○○はきれいな音が出るからです」などとなります。

動きや音、リズム、声を出したあとは、心がほぐれ緊張が和らぐのか、通常は苦手意識がある子どもも発表できることがあります。振り返りながら、感動の言語化を促す時間を活用してみましょう。

ピアノの弾き方講座
黒鍵を使って自由に！

ピアノの特徴

ピアノは楽器の王様ともいわれ、豊かな表現力をもっています。ほかの楽器に比べて音域が広く、高い音から低い音までカバーしていますし、強弱も十分に表現でき、和音やいくつかの旋律を同時に演奏することもできます。子どもの歌唱の伴奏にも適しています。また、子どもの身体運動を引き出すことができます。

ペンタトニックスケールについて

ピアノには白い鍵盤（白鍵）と黒い鍵盤（黒鍵）がありますが、この黒鍵だけを活用し、ペンタトニックスケール（p.48参照）による即興演奏をしてみましょう。

黒鍵で弾くペンタトニックスケールは、コードを用いて演奏するよりも自由度が高く、5つしか音がないため音と音のあいだが開いており、ぶつかりません。そのため和音が濁りにくく、きれいな旋律を弾くことができます。また、指先だけでなく手のひらや拳で演奏することもできます。

あえて欠点を挙げるならば、鍵盤が高いため指が滑りやすいということでしょうか。これについては練習して慣れてしまえば大丈夫です。

黒鍵だけで演奏する

黒鍵を使って、リズム表現の基本となる3種類の音符を演奏してみましょう。楽譜を見ると♯（シャープ：半音上げる）がたくさんついていて難しそうですが、示された音符の右斜め上の黒鍵を弾けばよいので、慣れればそれほど難しくありません。

●四分音符

左手はファ♯とド♯（とレ♯）を同時に弾き、右手は以下の例のように自由にメロディーを弾いていきます。楽譜に書かれた音楽を再現するのではなく、繰り返し弾いてみて、どのようにするとよりよい音やリズムが演奏できるのか、工夫してみましょう。

ブルースやロックのミュージシャンたちは、楽譜をまったく使用しないわけではないようですが、主に自分で試行してよい音を見つけています。私たちも同じような方法で子どもたちに訴えかけ、彼らの動きを引き出す音楽を演奏してみましょう。

付録

（譜例）

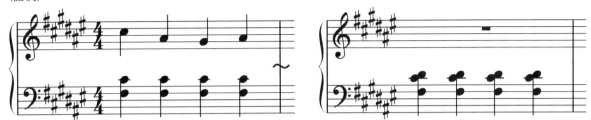

左手は次のようなパターンもよい響きがします。

（譜例）

●**八分音符**：高い音域を用いて軽やかに弾きましょう。これは右手だけを使って弾きます。

（譜例）

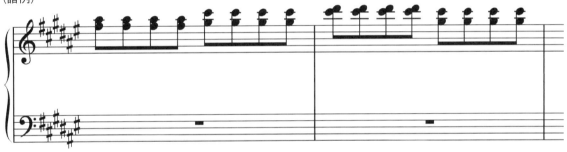

●**二分音符**：低い音を使って、ゆっくりと幅広いフィーリングを表現します。

（譜例）

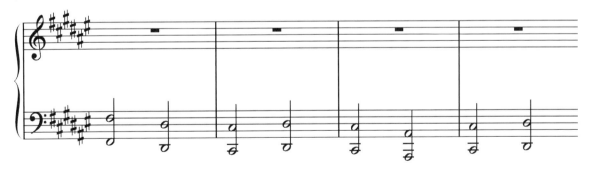

　譜例を参考にして四分音符・八分音符・二分音符を演奏してみてください。基本的なこととして八分音符は四分音符の半分の長さ、二分音符は四分音符の倍の長さです。もしもわかりづらければ、メトロノームを活用して練習してみてください。四分音符の1分間の拍数を120とすると、八分音符は240、二分音符は60ということになります。

打楽器を活用しよう

楽器の選び方

　子どもと行う音楽表現の活動で用いるのに適した打楽器（「パーカッション」と呼ぶこともあります）は、どのようなものでしょうか？　打楽器を打ちながら移動したり、子どもたちと一緒に動いたりするのがとても重要ですから、ボンゴやコンガ、大太鼓（バスドラム）、スタンドを用いて演奏する小太鼓（スネアドラム）などは向いていません（子どもたちに楽器のまわりに集まってもらい、みんなで演奏する場合などは効果的な活動になります）。手に持ったり、ベルトなどを用いて肩から下げたりして演奏できる打楽器が望ましいです。

　打楽器には様々な音質をもつものがあります。カスタネットやタンブリンは軽くてよいのですが、長い音価のリズムを演奏することができません。トライアングルは長い音を演奏するのに向いていますが、音が高すぎて、子どもには全身を動かすイメージがわきにくいかもしれません。

　結局、タンブリンのように枠に皮が張られていて、かつ鈴がついていない、「ハンドドラム」などと呼ばれるものをバチまたは手で打つのが効果的なように思います。

音楽表現活動におすすめの打楽器

肩から下げられるドラム
ハンドドラムとバチ
マレット

演奏法

　打楽器を演奏するには、上記のとおりバチあるいはマレットで打つ場合と、手あるいは指先で打つ場合があります。バチで打つ方法は、慣れないとコントロールすることが難しいのですが、より強い音を出すことが可能になり、弱い音から強い音まで幅広い強弱表現をすることができます。

　手で打つ場合は、打楽器の皮などの表面を押さえてしまうことが多いように思います。短い音を演奏する場合はこれでいいのですが、長い音を演奏したいときは、打った手をすぐに皮から離すようにしましょう。2本あるいは1本の指で演奏することも効果的です。

四分音符・八分音符・二分音符を打つ

　子どもたちが身体の動きを用いて様々な表現の活動を行う場合、単調で一本調子なものではなく、いろいろな意味で変化に富んだメリハリのあるものになることが望ましいです。

　そのような子どもたちの動きを引き出すためには、ファシリテーターも変化に富んだ演奏をすることが大切です。子どもたちが歩く速さ（四分音符）、走る速さ（八分音符）、ゆっくり歩く速さ（二分音符）という3通りの速さで打楽器を打って練習してみましょう。

保育所保育指針 (抜粋)　平成29（2017）年　厚生労働省告示

第1章　総　則

　この指針は、児童福祉施設の設備及び運営に関する基準（昭和23年厚生省令第63号。以下「設備運営基準」という。）第35条の規定に基づき、保育所における保育の内容に関する事項及びこれに関連する運営に関する事項を定めるものである。各保育所は、この指針において規定される保育の内容に係る基本原則に関する事項等を踏まえ、各保育所の実情に応じて創意工夫を図り、保育所の機能及び質の向上に努めなければならない。

1　保育所保育に関する基本原則

（1）保育所の役割

ア　保育所は、児童福祉法（昭和22年法律第164号）第39条の規定に基づき、保育を必要とする子どもの保育を行い、その健全な心身の発達を図ることを目的とする児童福祉施設であり、入所する子どもの最善の利益を考慮し、その福祉を積極的に増進することに最もふさわしい生活の場でなければならない。

イ　保育所は、その目的を達成するために、保育に関する専門性を有する職員が、家庭との緊密な連携の下に、子どもの状況や発達過程を踏まえ、保育所における環境を通して、養護及び教育を一体的に行うことを特性としている。

ウ　保育所は、入所する子どもを保育するとともに、家庭や地域の様々な社会資源との連携を図りながら、入所する子どもの保護者に対する支援及び地域の子育て家庭に対する支援等を行う役割を担うものである。

エ　保育所における保育士は、児童福祉法第18条の4の規定を踏まえ、保育所の役割及び機能が適切に発揮されるように、倫理観に裏付けられた専門的知識、技術及び判断をもって、子どもを保育するとともに、子どもの保護者に対する保育に関する指導を行うものであり、その職責を遂行するための専門性の向上に絶えず努めなければならない。

（2）保育の目標

ア　保育所は、子どもが生涯にわたる人間形成にとって極めて重要な時期に、その生活時間の大半を過ごす場である。このため、保育所の保育は、子どもが現在を最も良く生き、望ましい未来をつくり出す力の基礎を培うために、次の目標を目指して行わなければならない。

　（ア）十分に養護の行き届いた環境の下に、くつろいだ雰囲気の中で子どもの様々な欲求を満たし、生命の保持及び情緒の安定を図ること。

　（イ）健康、安全など生活に必要な基本的な習慣や態度を養い、心身の健康の基礎を培うこと。

　（ウ）人との関わりの中で、人に対する愛情と信頼感、そして人権を大切にする心を育てるとともに、自主、自立及び協調の態度を養い、道徳性の芽生えを培うこと。

　（エ）生命、自然及び社会の事象についての興味や関心を育て、それらに対する豊かな心情や思考力の芽生えを培うこと。

　（オ）生活の中で、言葉への興味や関心を育て、話したり、聞いたり、相手の話を理解しようとするなど、言葉の豊かさを養うこと。

　（カ）様々な体験を通して、豊かな感性や表現力を育み、創造性の芽生えを培うこと。

イ　保育所は、入所する子どもの保護者に対し、その意向を受け止め、子どもと保護者の安定した関係に配慮し、保育所の特性や保育士等の専門性を生かして、その援助に当たらなければならない。

（3）保育の方法

　保育の目標を達成するために、保育士等は、次の事項に留意して保育しなければならない。

ア　一人一人の子どもの状況や家庭及び地域社会での生活の実態を把握するとともに、子どもが安心感と信頼感をもって活動できるよう、子どもの主体としての思いや願いを受け止めること。

イ　子どもの生活のリズムを大切にし、健康、安全で情緒の安定した生活ができる環境や、自己を十分に発揮できる環境を整えること。

ウ　子どもの発達について理解し、一人一人の発達過程に応じて保育すること。その際、子どもの個人差に十分配慮すること。

エ　子ども相互の関係づくりや互いに尊重する心を大切にし、集団における活動を効果あるものにするよう援助すること。

オ 子どもが自発的・意欲的に関われるような環境を構成し、子どもの主体的な活動や子ども相互の関わりを大切にすること。特に、乳幼児期にふさわしい体験が得られるように、生活や遊びを通して総合的に保育すること。
カ 一人一人の保護者の状況やその意向を理解、受容し、それぞれの親子関係や家庭生活等に配慮しながら、様々な機会をとらえ、適切に援助すること。

（4）保育の環境

保育の環境には、保育士等や子どもなどの人的環境、施設や遊具などの物的環境、更には自然や社会の事象などがある。保育所は、こうした人、物、場などの環境が相互に関連し合い、子どもの生活が豊かなものとなるよう、次の事項に留意しつつ、計画的に環境を構成し、工夫して保育しなければならない。

ア 子ども自らが環境に関わり、自発的に活動し、様々な経験を積んでいくことができるよう配慮すること。
イ 子どもの活動が豊かに展開されるよう、保育所の設備や環境を整え、保育所の保健的環境や安全の確保などに努めること。
ウ 保育室は、温かな親しみとくつろぎの場となるとともに、生き生きと活動できる場となるように配慮すること。
エ 子どもが人と関わる力を育てていくため、子ども自らが周囲の子どもや大人と関わっていくことができる環境を整えること。

（5）保育所の社会的責任

ア 保育所は、子どもの人権に十分配慮するとともに、子ども一人一人の人格を尊重して保育を行わなければならない。
イ 保育所は、地域社会との交流や連携を図り、保護者や地域社会に、当該保育所が行う保育の内容を適切に説明するよう努めなければならない。
ウ 保育所は、入所する子ども等の個人情報を適切に取り扱うとともに、保護者の苦情などに対し、その解決を図るよう努めなければならない。

2 養護に関する基本的事項

（1）養護の理念

保育における養護とは、子どもの生命の保持及び情緒の安定を図るために保育士等が行う援助や関わりであり、保育所における保育は、養護及び教育を一体的に行うことをその特性とするものである。保育所における保育全体を通じて、養護に関するねらい及び内容を踏まえた保育が展開されなければならない。

（2）養護に関わるねらい及び内容

ア 生命の保持
　（ア）ねらい
　　①一人一人の子どもが、快適に生活できるようにする。
　　②一人一人の子どもが、健康で安全に過ごせるようにする。
　　③一人一人の子どもの生理的欲求が、十分に満たされるようにする。
　　④一人一人の子どもの健康増進が、積極的に図られるようにする。
　（イ）内容
　　①一人一人の子どもの平常の健康状態や発育及び発達状態を的確に把握し、異常を感じる場合は、速やかに適切に対応する。
　　②家庭との連携を密にし、嘱託医等との連携を図りながら、子どもの疾病や事故防止に関する認識を深め、保健的で安全な保育環境の維持及び向上に努める。
　　③清潔で安全な環境を整え、適切な援助や応答的な関わりを通して子どもの生理的欲求を満たしていく。また、家庭と協力しながら、子どもの発達過程等に応じた適切な生活のリズムがつくられていくようにする。
　　④子どもの発達過程等に応じて、適度な運動と休息を取ることができるようにする。また、食事、排泄、衣類の着脱、身の回りを清潔にすることなどについて、子どもが意欲的に生活できるよう適切に援助する。
イ 情緒の安定
　（ア）ねらい
　　①一人一人の子どもが、安定感をもって過ごせるようにする。
　　②一人一人の子どもが、自分の気持ちを安心して表すことができるようにする。
　　③一人一人の子どもが、周囲から主体として受け止められ、主体として育ち、自分を肯定する気持ちが育まれていくようにする。

④一人一人の子どもがくつろいで共に過ごし、心身の疲れが癒されるようにする。
（イ）内容
　　①一人一人の子どもの置かれている状態や発達過程などを的確に把握し、子どもの欲求を適切に満たしながら、応答的な触れ合いや言葉がけを行う。
　　②一人一人の子どもの気持ちを受容し、共感しながら、子どもとの継続的な信頼関係を築いていく。
　　③保育士等との信頼関係を基盤に、一人一人の子どもが主体的に活動し、自発性や探索意欲などを高めるとともに、自分への自信をもつことができるよう成長の過程を見守り、適切に働きかける。
　　④一人一人の子どもの生活のリズム、発達過程、保育時間などに応じて、活動内容のバランスや調和を図りながら、適切な食事や休息が取れるようにする。

幼稚園教育要領(抜粋)　平成29（2017）年　文部科学省告示

第1章　総　則

第1　幼稚園教育の基本

　幼児期の教育は、生涯にわたる人格形成の基礎を培う重要なものであり、幼稚園教育は、学校教育法に規定する目的及び目標を達成するため、幼児期の特性を踏まえ、環境を通して行うものであることを基本とする。
　このため教師は、幼児との信頼関係を十分に築き、幼児が身近な環境に主体的に関わり、環境との関わり方や意味に気付き、これらを取り込もうとして、試行錯誤したり、考えたりするようになる幼児期の教育における見方・考え方を生かし、幼児と共によりよい教育環境を創造するように努めるものとする。これらを踏まえ、次に示す事項を重視して教育を行わなければならない。

1　幼児は安定した情緒の下で自己を十分に発揮することにより発達に必要な体験を得ていくものであることを考慮して、幼児の主体的な活動を促し、幼児期にふさわしい生活が展開されるようにすること。
2　幼児の自発的な活動としての遊びは、心身の調和のとれた発達の基礎を培う重要な学習であることを考慮して、遊びを通しての指導を中心として第2章に示すねらいが総合的に達成されるようにすること。
3　幼児の発達は、心身の諸側面が相互に関連し合い、多様な経過をたどって成し遂げられていくものであること、また、幼児の生活経験がそれぞれ異なることなどを考慮して、幼児一人一人の特性に応じ、発達の課題に即した指導を行うようにすること。

　その際、教師は、幼児の主体的な活動が確保されるよう幼児一人一人の行動の理解と予想に基づき、計画的に環境を構成しなければならない。この場合において、教師は、幼児と人やものとの関わりが重要であることを踏まえ、教材を工夫し、物的・空間的環境を構成しなければならない。また、幼児一人一人の活動の場面に応じて、様々な役割を果たし、その活動を豊かにしなければならない。

第2　幼稚園教育において育みたい資質・能力及び「幼児期の終わりまでに育ってほしい姿」

1 幼稚園においては、生きる力の基礎を育むため、この章の第1に示す幼稚園教育の基本を踏まえ、次に掲げる資質・能力を一体的に育むよう努めるものとする。
（1）豊かな体験を通じて、感じたり、気付いたり、分かったり、できるようになったりする「知識及び技能の基礎」
（2）気付いたことや、できるようになったことなどを使い、考えたり、試したり、工夫したり、表現したりする「思考力、判断力、表現力等の基礎」
（3）心情、意欲、態度が育つ中で、よりよい生活を営もうとする「学びに向かう力、人間性等」
2 1に示す資質・能力は、第2章に示すねらい及び内容に基づく活動全体によって育むものである。
3 次に示す「幼児期の終わりまでに育ってほしい姿」は、第2章に示すねらい及び内容に基づく活動全体を通して資質・能力が育まれている幼児の幼稚園修了時の具体的な姿であり、教師が指導を行う際に考慮するものである。

（1）健康な心と体
　幼稚園生活の中で、充実感をもって自分のやりたいことに向かって心と体を十分に働かせ、見通しをもって行動し、自ら健康で安全な生活をつくり出すようになる。

（2）自立心
　身近な環境に主体的に関わり様々な活動を楽しむ中で、しなければならないことを自覚し、自分の力で行うために考えたり、工夫したりしながら、諦めずにやり遂げることで達成感を味わい、自信をもって行動するようになる。

（3）協同性
　友達と関わる中で、互いの思いや考えなどを共有し、共通の目的の実現に向けて、考えたり、工夫したり、協力したりし、充実感をもってやり遂げるようになる。

（4）道徳性・規範意識の芽生え
　友達と様々な体験を重ねる中で、してよいことや悪いことが分かり、自分の行動を振り返ったり、友達の気持ちに共感したりし、相手の立場に立って行動するようになる。また、きまりを守る必要性が分かり、自分の気持ちを調整し、友達と折り合いを付けながら、きまりをつくったり、守ったりするようになる。

（5）社会生活との関わり
　家族を大切にしようとする気持ちをもつとともに、地域の身近な人と触れ合う中で、人との様々な関わり方に気付き、相手の気持ちを考えて関わり、自分が役に立つ喜びを感じ、地域に親しみをもつようになる。また、幼稚園内外の様々な環境に関わる中で、遊びや生活に必要な情報を取り入れ、情報に基づき判断したり、情報を伝え合ったり、活用したりするなど、情報を役立てながら活動するようになるとともに、公共の施設を大切に利用するなどして、社会とのつながりなどを意識するようになる。

（6）思考力の芽生え
　身近な事象に積極的に関わる中で、物の性質や仕組みなどを感じ取ったり、気付いたりし、考えたり、予想したり、工夫したりするなど、多様な関わりを楽しむようになる。また、友達の様々な考えに触れる中で、自分と異なる考えがあることに気付き、自ら判断したり、考え直したりするなど、新しい考えを生み出す喜びを味わいながら、自分の考えをよりよいものにするようになる。

（7）自然との関わり・生命尊重
　自然に触れて感動する体験を通して、自然の変化などを感じ取り、好奇心や探究心をもって考え言葉などで表現しながら、身近な事象への関心が高まるとともに、自然への愛情や畏敬の念をもつようになる。また、身近な動植物に心を動かされる中で、生命の不思議さや尊さに気付き、身近な動植物への接し方を考え、命あるものとしていたわり、大切にする気持ちをもって関わるようになる。

（8）数量や図形、標識や文字などへの関心・感覚
　遊びや生活の中で、数量や図形、標識や文字などに親しむ体験を重ねたり、標識や文字の役割に気付いたりし、自らの必要感に基づきこれらを活用し、興味や関心、感覚をもつようになる。

（9）言葉による伝え合い
　先生や友達と心を通わせる中で、絵本や物語などに親しみながら、豊かな言葉や表現を身に付け、経験したことや考えたことなどを言葉で伝えたり、相手の話を注意して聞いたりし、言葉による伝え合いを楽しむようになる。

（10）豊かな感性と表現
　心を動かす出来事などに触れ感性を働かせる中で、様々な素材の特徴や表現の仕方などに気付き、感じたことや考えたことを自分で表現したり、友達同士で表現する過程を楽しんだりし、表現する喜びを味わい、意欲をもつようになる。

幼保連携型認定こども園教育・保育要領（抜粋）

平成29（2017）年　内閣府・文部科学省・厚生労働省告示

第1章　総　則

第1　幼保連携型認定こども園における教育及び保育の基本及び目標等

1　幼保連携型認定こども園における教育及び保育の基本

　乳幼児期の教育及び保育は、子どもの健全な心身の発達を図りつつ生涯にわたる人格形成の基礎を培う重要なものであり、幼保連携型認定こども園における教育及び保育は、就学前の子どもに関する教育、保育等の総合的な提供の推進に関する法律（平成18年法律第77号。以下「認定こども園法」という。）第2条第7項に規定する目的及び第9条に掲げる目標を達成するため、乳幼児期全体を通して、その特性及び保護者や地域の実態を踏まえ、環境を通して行うものであることを基本とし、家庭や地域での生活を含めた園児の生活全体が豊かなものとなるように努めなければならない。

　このため保育教諭等は、園児との信頼関係を十分に築き、園児が自ら安心して身近な環境に主体的に関わり、環境との関わり方や意味に気付き、これらを取り込もうとして、試行錯誤したり、考えたりするようになる幼児期の教育における見方・考え方を生かし、その活動が豊かに展開されるよう環境を整え、園児と共によりよい教育及び保育の環境を創造するように努めるものとする。これらを踏まえ、次に示す事項を重視して教育及び保育を行わなければならない。

（1）乳幼児期は周囲への依存を基盤にしつつ自立に向かうものであることを考慮して、周囲との信頼関係に支えられた生活の中で、園児一人一人が安心感と信頼感をもっていろいろな活動に取り組む体験を十分に積み重ねられるようにすること。
（2）乳幼児期においては生命の保持が図られ安定した情緒の下で自己を十分に発揮することにより発達に必要な体験を得ていくものであることを考慮して、園児の主体的な活動を促し、乳幼児期にふさわしい生活が展開されるようにすること。
（3）乳幼児期における自発的な活動としての遊びは、心身の調和のとれた発達の基礎を培う重要な学習であることを考慮して、遊びを通しての指導を中心として第2章に示すねらいが総合的に達成されるようにすること。
（4）乳幼児期における発達は、心身の諸側面が相互に関連し合い、多様な経過をたどって成し遂げられていくものであること、また、園児の生活経験がそれぞれ異なることなどを考慮して、園児一人一人の特性や発達の過程に応じ、発達の課題に即した指導を行うようにすること。

　その際、保育教諭等は、園児の主体的な活動が確保されるよう、園児一人一人の行動の理解と予想に基づき、計画的に環境を構成しなければならない。この場合において、保育教諭等は、園児と人やものとの関わりが重要であることを踏まえ、教材を工夫し、物的・空間的環境を構成しなければならない。また、園児一人一人の活動の場面に応じて、様々な役割を果たし、その活動を豊かにしなければならない。

　なお、幼保連携型認定こども園における教育及び保育は、園児が入園してから修了するまでの在園期間全体を通して行われるものであり、この章の第3に示す幼保連携型認定こども園として特に配慮すべき事項を十分に踏まえて行うものとする。

2　幼保連携型認定こども園における教育及び保育の目標

　幼保連携型認定こども園は、家庭との連携を図りながら、この章の第1の1に示す幼保連携型認定こども園における教育及び保育の基本に基づいて一体的に展開される幼保連携型認定こども園における生活を通して、生きる力の基礎を育成するよう認定こども園法第9条に規定する幼保連携型認定こども園の教育及び保育の目標の達成に努めなければならない。幼保連携型認定こども園は、このことにより、義務教育及びその後の教育の基礎を培うとともに、子どもの最善の利益を考慮しつつ、その生活を保障し、保護者と共に園児を心身ともに健やかに育成するものとする。

　なお、認定こども園法第9条に規定する幼保連携型認定こども園の教育及び保育の目標については、発達や学びの連続性及び生活の連続性の観点から、小学校就学の始期に達するまでの時期を通じ、その達成に向けて努力すべき目当てとなるものであることから、満3歳未満の園児の保育にも当てはまることに留意するものとする。

3 幼保連携型認定こども園の教育及び保育において育みたい資質・能力及び「幼児期の終わりまでに育ってほしい姿」

（1） 幼保連携型認定こども園においては、生きる力の基礎を育むため、この章の1に示す幼保連携型認定こども園の教育及び保育の基本を踏まえ、次に掲げる資質・能力を一体的に育むよう努めるものとする。

ア　豊かな体験を通じて、感じたり、気付いたり、分かったり、できるようになったりする「知識及び技能の基礎」

イ　気付いたことや、できるようになったことなどを使い、考えたり、試したり、工夫したり、表現したりする「思考力、判断力、表現力等の基礎」

ウ　心情、意欲、態度が育つ中で、よりよい生活を営もうとする「学びに向かう力、人間性等」

（2）　（1）に示す資質・能力は、第2章に示すねらい及び内容に基づく活動全体によって育むものである。

（3）　次に示す「幼児期の終わりまでに育ってほしい姿」は、第2章に示すねらい及び内容に基づく活動全体を通して資質・能力が育まれている園児の幼保連携型認定こども園修了時の具体的な姿であり、保育教諭等が指導を行う際に考慮するものである。

ア　健康な心と体
　　幼保連携型認定こども園における生活の中で、充実感をもって自分のやりたいことに向かって心と体を十分に働かせ、見通しをもって行動し、自ら健康で安全な生活をつくり出すようになる。

イ　自立心
　　身近な環境に主体的に関わり様々な活動を楽しむ中で、しなければならないことを自覚し、自分の力で行うために考えたり、工夫したりしながら、諦めずにやり遂げることで達成感を味わい、自信をもって行動するようになる。

ウ　協同性
　　友達と関わる中で、互いの思いや考えなどを共有し、共通の目的の実現に向けて、考えたり、工夫したり、協力したりし、充実感をもってやり遂げるようになる。

エ　道徳性・規範意識の芽生え
　　友達と様々な体験を重ねる中で、してよいことや悪いことが分かり、自分の行動を振り返ったり、友達の気持ちに共感したりし、相手の立場に立って行動するようになる。また、きまりを守る必要性が分かり、自分の気持ちを調整し、友達と折り合いを付けながら、きまりをつくったり、守ったりするようになる。

オ　社会生活との関わり
　　家族を大切にしようとする気持ちをもつとともに、地域の身近な人と触れ合う中で、人との様々な関わり方に気付き、相手の気持ちを考えて関わり、自分が役に立つ喜びを感じ、地域に親しみをもつようになる。また、幼保連携型認定こども園内外の様々な環境に関わる中で、遊びや生活に必要な情報を取り入れ、情報に基づき判断したり、情報を伝え合ったり、活用したりするなど、情報を役立てながら活動するようになるとともに、公共の施設を大切に利用するなどして、社会とのつながりなどを意識するようになる。

カ　思考力の芽生え
　　身近な事象に積極的に関わる中で、物の性質や仕組みなどを感じ取ったり、気付いたりし、考えたり、予想したり、工夫したりするなど、多様な関わりを楽しむようになる。また、友達の様々な考えに触れる中で、自分と異なる考えがあることに気付き、自ら判断したり、考え直したりするなど、新しい考えを生み出す喜びを味わいながら、自分の考えをよりよいものにするようになる。

キ　自然との関わり・生命尊重
　　自然に触れて感動する体験を通して、自然の変化などを感じ取り、好奇心や探究心をもって考え言葉などで表現しながら、身近な事象への関心が高まるとともに、自然への愛情や畏敬の念をもつようになる。また、身近な動植物に心を動かされる中で、生命の不思議さや尊さに気付き、身近な動植物への接し方を考え、命あるものとしていたわり、大切にする気持ちをもって関わるようになる

ク　数量や図形、標識や文字などへの関心・感覚
　　遊びや生活の中で、数量や図形、標識や文字などに親しむ体験を重ねたり、標識や文字の役割に気付いたりし、自らの必要感に基づきこれらを活用し、興味や関心、感覚をもつようになる。

ケ　言葉による伝え合い
　　保育教諭等や友達と心を通わせる中で、絵本や物語などに親しみながら、豊かな言葉や表現を身に付け、経験したことや考えたことなどを言葉で伝えたり、相手の話を注意して聞いたりし、言葉による伝え合いを楽しむようになる。

コ　豊かな感性と表現
　　心を動かす出来事などに触れ感性を働かせる中で、様々な素材の特徴や表現の仕方などに気付き、感じたことや考えたことを自分で表現したり、友達同士で表現する過程を楽しんだりし、表現する喜びを味わい、意欲をもつようになる。

子育て支援に音楽表現を生かす

　少子化が進むなかで、地域には子育て広場など子育て支援が広がっています。みなさんも保育所だけではなく、地域の子育て支援、親子のつどいや広場などのイベントなどのボランティアなどにも積極的に参加してみましょう。大勢の親子と遊ぶ場面では、音楽表現が役立ちます。

　ここでは、八王子市子育て広場で行われている「親子レインボーパレット」をご紹介します。付録でご紹介したクリエイティブ音楽ムーブメントと子育て相談を毎週、行っています。およそ０歳から３歳くらいの親子が10組から20組程度、輪になって集まり、一緒に歌ったり、楽器あそびをしたり、パラシュートをしたりします。プログラムは子育て相談もできるワークショップになっています。

　ご興味のある方は書籍『あなたへのおくりもの』（星山麻木著／河出書房新社刊）をご参照ください。また、指導者の資格が取得できる研修は、下記のHP「クリエイティブ音楽ムーブメント」をご覧ください。
http://hoshiyama-lab.com/

発達支援と人材育成

　現在、通常の学級に在籍する発達障害あるいは発達障害が疑われる小学１年生は、12.0％という調査結果が出ています（文部科学省「通常の学級に在籍する特別な教育的支援を必要とする児童生徒に関する調査結果について」2022年）。集団行動が苦手な子どもも輪に入るのに時間がかかる子どもも、本来、音楽表現が大好きです。ただ、支援の方法には工夫が必要です。

　現在、発達障害のことについて多くの方が勉強しています。一般社団法人こども家族早期発達支援学会では、発達サポーター資格を認定しています。また、早期発達支援士、早期発達支援コーディネーターなどの専門資格の勉強もできます。発達支援に興味のある方は、こども家族早期発達支援学会のHPをご覧ください。

　また、一般の方に向けた理解啓発ワークショップ「コミュサポワークショップ」も始まりました。このワークショップは障害特性の理解、支援方法の理解などのワークショップを３回受けると、赤色（レッド）のバッチを受け取ることができます。

　さらに、レッド、オレンジ、イエロー、グリーン、ブルー、ダークブルー、パープルと７色揃えるとスペクトラムマスターとなります。ワークショップを行うファシリテーター資格が取得でき、様々な場所で音楽表現や音楽あそびを生かしたファシリテーターとして活躍できます。障がい理解を促しながら、コミュニケーションをサポートするワークショップを行うことにご興味のある方は、HPをご覧ください。

一般社団法人こども家族早期発達支援学会
http://kodomokazoku.jp/kodomo/

 編著者

星山麻木 Asagi HOSHIYAMA, Ph.D

（理論編 Lesson 2〜5、7〜11、13〜15／実践編 Lesson 1〜10、14、15、18、20／付録 pp. 112-113、p. 123／Column）

明星大学教育学部教育学科教授。博士（保健学）。（社）こども家族早期発達支援学会会長。
日本音楽療法学会認定音楽療法士。クリエイティブ音楽ムーブメント研究会代表。サポーター育星プロジェクト研究協会主宰。映画『星の国から孫ふたり』監修。ユニバーサル音楽ワークショップ研究会代表。
東京学芸大学音楽科卒業後、養護学校で音楽教師を務め、退職後、横浜国立大学大学院修士課程（障害児教育）修了、東京大学大学院医学系研究科国際保健学専攻（母子保健学）博士課程修了。メルボルン大学客員研究員（早期介入）。鳴門教育大学障害児教育講座助教授を経て現職。
母親のためのサポーター育成、早期発達支援、子育て支援ワークショップの開発、療育や特別支援教育の実践を行っている。

星山研究室HP／hoshiyama-lab.com

著者

板野和彦 Kazuhiko ITANO, Ph.D

（理論編 Lesson 1、6、12／実践編 Lesson 11、12、16、17／付録 pp. 124-127）

明星大学教育学部教育学科教授。博士（教育学）。特定非営利活動法人リトミック研究センター会長。
国立音楽大学教育音楽学科Ⅱ類卒業後、渡米。ニューヨーク・ダルクローズ音楽学校にてリトミックを学び、国際指導者免許を取得。帰国後、幼稚園・保育所でのリトミック指導講師、短期大学の専任教員として勤務。この間に明星大学通信制大学院教育学研究科博士前期課程および明星大学大学院教育学研究科博士後期課程で学ぶ。2008年4月から現職。国立音楽大学兼任講師。リトミックの子どもたちの成長に及ぼす可能性を研究すると同時に、リトミック指導者の育成に力を注いでいる。

 執筆者

実践編 Lesson12、13　相澤るつ子（明星大学教育学部表現療法非常勤講師）
実践編 Lesson18　紙芝居『ジャックとダンディどうしてるかな？』
　　　　　　　　　絵：緑川まゆ　文：平島素子
実践編 Lesson19　齊藤香里（宅配影絵ミュージカル NIJI）

特集「あなたもできる！クリエイティブ音楽ムーブメント」
pp. 114-120
川上昭子　八十島ばなな　前田典子　小橋朱美　吉成総子
楠部さち子　髙橋利恵　川辺美佐　富瀬晴乃　安藤純子
内田奈穂美　金井由美子　木村洋子　窪田直子　笹原きよみ
永井千津子
pp. 121-122　横山千草

Staff

ブックデザイン／真野恵子
装画／日高京子
本文イラスト／金井淳
楽譜浄書／(株)MCS

別冊
0歳からの親子あそびや音楽ワークショップで使える！
子どものうた100
【編曲】板野和彦
【執筆】星山麻木
楽譜浄書／(株)MCS
イラスト／金井淳
デザイン・DTP／真野恵子、三宅政吉

写真提供

株式会社ボーネルンド (p.49上・下、p.50上、p.55上、p.84左下、p.127左・中)
株式会社ヤマハミュージックジャパン (p.126左)
ヤマハ株式会社 (p.126中・右、p.127右)

協力

星山研究スタジオ クリエイティブ音楽ムーブメント教室
明星大学教育学部2015年度「保育内容E・表現I」受講者
まきば幼稚園
コープみらいカルチャー

一人一人を大切にする
ユニバーサルデザインの音楽表現

2015年8月10日	初版第1刷発行
2018年3月26日	第2版第1刷発行
2023年4月1日	第2版第3刷発行

編著者　星山麻木
著　者　板野和彦
発行者　服部直人
発行所　株式会社萌文書林
　　　　〒113-0021　東京都文京区本駒込6-15-11
　　　　Tel.03-3943-0576　Fax.03-3943-0567
　　　　https://www.houbun.com/
　　　　info@houbun.com
印　刷　モリモト印刷株式会社

乱丁・落丁本はお取り替えいたします。
定価はカバーに表示してあります。

日本音楽著作権協会（出）許諾第1506732-204号
©Asagi Hoshiyama, Kazuhiko Itano 2018, Printed in Japan
ISBN978-4-89347-285-4

取りはずせる

0歳からの親子あそびや音楽ワークショップで使える！

子どものうた 100

編曲　板野和彦（明星大学教育学部教授）
執筆　星山麻木（明星大学教育学部教授）

一人一人を大切にするユニバーサルデザインの音楽表現 別冊

0歳からの
親子あそびや
音楽ワークショップで使える!

子どものうた 100

編曲　板野和彦（明星大学教育学部教授）
執筆　星山麻木（明星大学教育学部教授）

0歳からの親子あそびや音楽ワークショップで使える！

子どものうた100 目次

本編の遊び方と合わせると、目的や意味がよく理解できます

曲名	ページ	遊び方	対象年齢 0	1	2	3	4〜	季節など	本編での掲載ページ
1. アイアイ	6				○	○	○		47
2. あくしゅでこんにちは	8	○			○	○	○	春	24, 41
3. あぶくたった	9	○			○	○	○		47
4. あめがぽつぽつ	10	○	○	○	○	○	○	梅雨	34, 59, 69, 117
5. あめふりくまのこ	11	○		○	○	○	○	梅雨	32, 56
6. アルプス一万尺	14	○				○	○	夏	24, 42
7. あわてんぼうのサンタクロース	16					○	○	12月	50
8. いちねんせいになったら	18	○				○	○	2〜3月	33
9. いっぽんばしこちょこちょ	20	○	○	○	○	○	○		18, 24, 47, 67
10. いぬのおまわりさん	21				○				33
11. いもむしごろごろ	23	○			○	○	○		24, 39
12. インディアンがとおる	24					○	○		119
13. うれしいひなまつり	25				○	○	○	3月	50
14. おおきなくりのきのしたで	26	○			○	○	○	夏	39
15. おおきなたいこ	27	○		○	○	○	○		35
16. おかあさん	28	○	○		○	○	○		31, 56
17. おかたづけ	29				○	○	○		50, 59
18. おしくらまんじゅう	30	○		○	○	○	○	冬	24, 115
19. おしょうがつ	31					○	○	冬	50, 61
20. おすもうくまちゃん	32			○	○	○	○		60
21. おちゃらかホイ	33	○					○		24
22. おつかいありさん	34					○	○	夏	81
23. おなかのへるうた	35				○	○	○		15, 85
24. おはながわらった	36	○			○	○	○	春	41, 53, 119

曲名	ページ	遊び方	対象年齢 0	1	2	3	4〜	季節など	本編での掲載ページ
25. おはながわらった 簡単バージョン	39	○		○	○	○	○	春	41, 53, 119
26. おはなしゆびさん	40	○			○	○	○		39, 81
27. おべんとう	42					○	○		50
28. おほしさま	43					○	○	夏	50
29. おもいでのアルバム	44						○	3月	50
30. おもちゃのチャチャチャ	46				○	○	○		23
31. おんまはみんな	48	○		○	○	○	○		35, 103
32. かえるのがっしょう	50	○			○	○	○	6月	50, 87
33. かたつむり	51	○			○	○	○	6月	39, 50
34. かわいいかくれんぼ	53				○	○	○		81
35. きらきらぼし	54				○	○	○		97
36. キリン	55					○	○		17
37. くいしんぼうのゴリラ	56	○		○	○	○	○		32
38. くまさんくまさん	57	○			○	○	○		24, 41, 61
39. げんこつやまのたぬきさん	58	○	○	○	○	○	○		38
40. こいのぼり	59				○	○	○	5月	50, 61
41. こおろぎ	60					○	○	秋	50
42. こぎつね	61					○	○	秋	107
43. こどものおうさま	62					○	○		
44. ことりのうた	63				○	○	○		107
45. コンコンクシャンのうた	64	○		○	○	○	○	冬	63
46. ごんべさんのあかちゃん	66	○		○	○	○	○		77
47. サッちゃん	68				○	○	○		85
48. さよならあんころもち	69	○			○	○	○		24, 50
49. さよならのうた	70		○	○	○	○	○		59
50. しあわせならてをたたこう	71			○	○	○	○		15

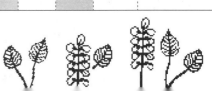

0歳からの親子あそびや音楽ワークショップで使える！子どものうた100 目次

曲名	ページ	遊び方	対象年齢 0	1	2	3	4〜	季節など	本編での掲載ページ
51. しずかなこはんの	72					○	○	夏	
52. しゃぼんだま	73		○	○	○	○	○		23, 56, 121
53. 10にんのインディアン	74	○		○	○	○	○		120
54. ジングルベル	75				○	○	○	12月	50
55. すうじのうた	76					○	○		42
56. せんせいとおともだち	77	○			○	○	○	春	41
57. せんべせんべやけた	79	○		○	○	○	○		40, 60
58. せんろはつづくよどこまでも	80				○	○	○		114, 117
59. ぞうさん	82		○	○	○	○	○		81, 83
60. たきび	83					○	○	冬	117
61. たけのこいっぽんおくれ	85	○			○	○	○	春	24, 36
62. たけのこめだした	86	○			○	○	○	春	39
63. たなばたさま	87				○	○	○	7月	50
64. たまごたまご	88	○	○	○	○	○	○		73, 93
65. だるまさん	89	○	○	○	○	○	○		32, 59, 67, 71, 85
66. ちいさいあきみつけた	90					○	○	秋	50
67. ちいさいあきみつけた 簡単バージョン	92				○	○	○	秋	50
68. ちゃちゃつぼちゃつぼ	94	○				○	○		18
69. チューリップ	95				○	○	○	春	50
70. ちょうちょう	96				○	○	○	春	116
71. ちょちちょちあわわ	97	○	○	○	○	○	○		37
72. でこちゃんはなちゃん	98	○	○	○	○	○	○		40, 67, 71
73. てのひらをたいように	99					○	○		89
74. てをたたきましょう	101	○			○	○	○		85
75. てをつなごう	102					○	○		33, 61
76. でんでらりゅうば	104	○				○	○		42, 89

曲名	ページ	遊び方	対象年齢 0	1	2	3	4〜	季節など	本編での掲載ページ
77. とけいのうた	105					○	○		120
78. トマト	106				○	○	○	夏	
79. どんぐりころころ	107			○	○	○	○	秋	61, 69, 73
80. とんでったバナナ	108			○	○	○	○		91, 116
81. とんぼのめがね	110				○	○	○	秋	61
82. なべなべそこぬけ	111	○				○	○		24, 114
83. パンやさんにおかいもの	112	○	○	○	○	○	○		123
84. ふうせん	114				○	○	○		15, 71
85. ふしぎなポケット	115				○	○	○		123
86. ぶんぶんぶん	117				○	○	○	春	36, 83
87. ペンギンちゃんのやまのぼり	118	○	○	○	○	○	○		40, 59
88. ぼうがいっぽんあったとさ	119	○				○	○		36
89. まつぼっくり	122	○		○	○	○	○	秋	50, 118
90. まめまき	124				○	○	○	2月	50
91. みつばちぶんぶん	125				○	○	○	初夏	75, 120
92. むすんでひらいて	126	○			○	○	○		38
93. めだかのがっこう	128				○	○	○	春	50
94. メリーさんのひつじ	129			○	○	○	○		17, 97
95. もりのくまさん	130			○	○	○	○		87
96. やきいもグーチーパー	132	○			○	○	○	秋	35
97. やぎさんゆうびん	134			○	○	○	○		81
98. やまのおんがくか	135				○	○	○		79, 83
99. ゆらゆらだっこだっこ	136	○	○	○	○	○	○		31, 56, 71
100. ゆりかごのうた	138		○	○	○	○	○		22, 56
101. ロケットにのって	139	○	○	○	○	○	○		39, 75
102. ロンドンばしがおちる	140	○		○	○	○	○		35, 42, 61, 120

2 あくしゅでこんにちは

まど・みちお 作詞
渡辺 茂 作曲

1. てくてく てくてく あるいてきて あくしゅで
2. もにゃもにゃ もにゃもにゃ おはなしして あくしゅで

こんにちは ごきげん いかが —
さようなら またまた あした —

1 てくてく てくてく	2 もにゃもにゃ もにゃもにゃ
あるいてきて	おはなしして
あくしゅで こんにちは	あくしゅで さようなら
ごきげんいかが	またまた あした

遊び方

1 てくてく てくてく あるいてきて

バラバラに歩きながらパートナーを探す。
「あるいてきて」で二人組みになって向かい合う。

2 あくしゅで こんにちは

握手したあと、おじぎをする。

3 ごきげんいかが

顔を見て笑いかける。

4 もにゃもにゃ もにゃもにゃ おはなしして

二人組みのまま、口のところで両手の指を
バラバラにもにゃもにゃと動かす。

5 あくしゅで さようなら

握手したあと、おじぎをする。

6 またまた あした

バイバイと手を振りながら別れる。

★時間に合わせて **1**〜**6** まで繰り返すと、パートナーを何人か替えながら楽しむことができる。

3 あぶくたった

わらべうた

1 あぶくたった にえたった
　にえたか どうだか たべてみよ
　むしゃむしゃむしゃ まだにえない

2 あぶくたった にえたった
　にえたか どうだか たべてみよ
　むしゃむしゃむしゃ もうにえた

遊び方

準備：一人の子どもを囲み、円になって手をつなぐ。最初は保育者が鬼をするとわかりやすい

1 あぶくたった〜たべてみよ

鬼を決め、鬼を囲んでほかの子が手をつなぎ、左回りにぐるぐる歩く。

2 むしゃむしゃむしゃ まだにえない

みんなで鬼になった子を食べるまね（ちょっと触れる）をする。嫌がる子には、ふりだけする。

※**1**と**2**を繰り返し、「もうにえた」となる。

3 「ねーまーしょ」

立ったまま寝たふりをする。鬼が輪から抜け、目をつぶって背を向けてもいい。

4

鬼「トントントン」　みんな「なんの音？」
鬼「風の音」　みんな「あーよかった」
鬼「トントントン」　みんな「なんの音？」
鬼「お風呂の音」　みんな「あーよかった」

5

鬼「トントントン」　みんな「なんの音？」
鬼「おばけの音」
鬼以外の子は一斉に逃げる。鬼につかまったら、次はその子が鬼。

※つかまらなくても終わりにして、鬼をしたい子がするのもいい。

4 あめがぽつぽつ

ほしやまあさぎ 採譜

あめが ポツポツ ふってきた　ポツポツ ポツポツ ふってきた　ザーザー ザーザー ふってきた
あめが ザーザー ふってきた　　　　　　　　　　　　　　　　コンコン コンコン し〜

遊び方

準備：軽くて小さなボールや風船などをたくさん。その周囲を子どもたちや大人が囲んで座る

1 あめが〜ポツポツ ふってきた

ボールをそれぞれ手に持って、輪の中で小さく投げる。

2 あめが〜ザーザー ふってきた

ボールを少し強めに天井に向かって投げる。

3 コンコン コンコン し〜

投げるのをやめて一斉に静かにし、「コンコン…」と舌打ち。口元に指を立てて「し〜」とする。

1 おやまに あめが ふりました
  あとから あとから ふってきて
  ちょろちょろ おがわが できました

2 いたずら くまのこ かけてきて
  そうっと のぞいて みてました
  さかなが いるかと みてました

3 なんにも いないと くまのこは
  おみずを ひとくち のみました
  おててで すくって のみました

4 それでも どこかに いるようで
  もいちど のぞいて みてました
  さかなを まちまち みてました

5 なかなか やまない あめでした
  かさでも かぶって いましょうと
  あたまに はっぱを のせました

遊び方

準備：オーガンジーなどのブルーの布（１ｍ以上）、
　　　魚とクマのフェルト人形やぬいぐるみ（人間が演じるのでもよい）、葉っぱ

1 おやまに〜おがわが できました

腕を上から下ろしつつ、指はパラパラと雨が降ってくるまねをする。「おがわができました」で保育者が布を出す。

2 いたずら〜いるかと みてました

布の川のところに近づき、ぐるりと歩きながら、そっとのぞいて見るふりをする。

3 なんにも〜すくって のみました

考えるふりをして川をバタバタさせて探してみる。

4 それでも〜まちまち みてました

もう一度、あちこち歩きながら魚を探すふりをする。

5 なかなか〜はっぱを のせました

雨が降るまねをしてから、葉っぱを頭にのせる。

6 アルプス一万尺

作詞者不詳
アメリカ民謡

1 アルプス いちまんじゃく こやりのうえで
アルペン おどりを おどりましょう ヘイ
ランラララ ラララ
ランラララ ララ
ランラララ ラララ
ラララララ

2 きのう みたゆめ でっかい ちいさい ゆめだよ
のみが リュックしょって ふじとざん ヘイ
ランラララ ラララ
ランラララ ララ
ランラララ ラララ
ラララララ

3 いちまんじゃくに テントをはれば
ほしのランプに てがとどく ヘイ
ランラララ ラララ
ランラララ ララ
ランラララ ラララ
ラララララ

遊び方

準備：二人組で向かい合わせになる

1 ア・ル

拍手1回のあと、お互いの右手を合わせる。

2 プ・ス

拍手1回のあと、お互いの左手を合わせる。

3 いち・まん

拍手1回のあと、お互いの両手を合わせる。

4 じゃ・く

拍手1回のあと、両手の指を交互に組んで、お互いの手のひらを合わせる。

5 こ・や

拍手2回

6 り・の

右手で左ひじをさわり、続けて左手で右ひじをさわる。

7 う〜

両手を腰にあてる。

8 えで

左手を前に出し、右手を左腕の内ひじにあてる（お互いに組む形になる）。

★「アルペン おどりを〜ラララララ」の歌に合わせて、**1**〜**8**（ヘイ）を繰り返して遊ぶ。

7 あわてんぼうのサンタクロース

吉岡 治 作詞
小林亜星 作曲

1 あわてんぼうの サンタクロース　クリスマスまえに やってきた
　いそいで リンリンリン いそいで リンリンリン
　ならして おくれよ かねを
　リンリンリン リンリンリン リンリンリン

2 あわてんぼうの サンタクロース　えんとつ のぞいて おっこちた
　あいたた ドンドンドン あいたた ドンドンドン
　まっくろ くろけの おかお
　ドンドンドン ドンドンドン ドンドンドン

3 あわてんぼうの サンタクロース　しかたがないから おどったよ
　たのしく チャチャチャ たのしく チャチャチャ
　みんなも おどろよ ぼくと
　チャチャチャ チャチャチャ チャチャチャ

4 あわてんぼうの サンタクロース　もいちどくるよと かえってく
　さよなら シャラランラン さよなら シャラランラン
　タンブリン ならして きえた
　シャラランラン シャラランラン シャラランラン

5 あわてんぼうの サンタクロース　ゆかいな おひげの おじいさん
　リンリンリン チャチャチャ ドンドンドン シャラランラン
　わすれちゃ だめだよ おもちゃ
　シャラランリン チャチャチャ ドンシャララン

8 いちねんせいになったら

まど・みちお 作詞
山本直純 作曲

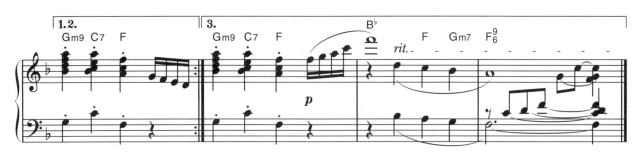

1 いちねんせいになったら
　いちねんせいになったら
　ともだち ひゃくにん できるかな
　ひゃくにんで たべたいな
　ふじさんのうえで おにぎりを
　ぱっくん ぱっくん ぱっくんと

2 いちねんせいになったら
　いちねんせいになったら
　ともだち ひゃくにん できるかな
　ひゃくにんで かけたいな
　にっぽんじゅうを ひとまわり
　どっしん どっしん どっしんと

3 いちねんせいになったら
　いちねんせいになったら
　ともだちひゃくにん できるかな
　ひゃくにんで わらいたい
　せかいじゅうを ふるわせて
　わっはは わっはは わっはっは

遊び方

準備：輪になる（大きな輪でも小さな輪でも楽しい）

**1 いちねんせいになったら
　　いちねんせいになったら**

手を腰にあて、首を左右に振る。

2 ともだち ひゃくにん できるかな

手拍子

3 ひゃくにんで たべたいな

食べるまねをする。

4 ふじさんのうえで おにぎりを

腕で大きな三角をつくって山を、手で小さな三角をつくっておにぎりを表現する。

5 ぱっくん ぱっくん ぱっくんと

おにぎりをおいしそうに食べるまねをする。

★2番以降
駆けるまね、手でぐるぐるを描く、どしどし足ぶみ、笑うまね、など表情豊かにそれぞれが考えて歌うと楽しい。

9 いっぽんばしこちょこちょ

わらべうた

いっぽんばし こちょこちょ
たたいて つねって なでてぽん
かいだん のぼって こちょこちょ

遊び方

準備：子どもと向かい合う。ひざの上にのせる

1 いっぽんばし

手のひらに人差し指で一を書く。

2 こちょこちょ

くすぐる。

3 たたいて つねって

軽くたたいて、つねる。

4 なでてぽん

なでて、ぽんと1回たたく。

5 かいだん のぼって

人差し指と中指で、手のひらからだんだん首のほうへ上がっていく。

6 こちょこちょ

全身をくすぐる。

1 まいごの まいごの こねこちゃん
 あなたの おうちは どこですか
 おうちを きいても わからない
 なまえを きいても わからない
 ニャンニャン ニャンニャン
 ニャンニャン ニャンニャン
 ないてばかりいる こねこちゃん
 いぬの おまわりさん こまってしまって
 ワンワン ワンワン
 ワンワン ワンワン

2 まいごの まいごの こねこちゃん
 このこの おうちは どこですか
 からすに きいても わからない
 すずめに きいても わからない
 ニャンニャン ニャンニャン
 ニャンニャン ニャンニャン
 ないてばかりいる こねこちゃん
 いぬの おまわりさん こまってしまって
 ワンワン ワンワン
 ワンワン ワンワン

11 いもむしごろごろ

わらべうた

いもむし ごろごろ
ひょうたん ぽっくりこ

遊び方

準備：子どもが一列になってしゃがむ

みんなでしゃがんで肩や腰をつかみ、左右に揺れながら前進する。何列もつくってすれ違うのも楽しい。

14 おおきなくりのきのしたで

作詞者不詳
外国曲

おおきなくりの きのしたで　　なかよく あそびましょう
あなたとわたし　　　　　　　おおきなくりの きのしたで

遊び方

準備：子どもと向かい合う。またはひざの上にのせる

1 おおきなくりの

両腕で頭の上に大きな輪をつくる。

2 きの・した・で

頭　　　肩　　　ひざ

3 あなたとわたし

「あなた」で相手、「わたし」で自分を指す。

4 なか・よく

「なか」で右腕を左肩に、「よく」で左手を右肩にあて、腕をクロスさせる。

5 あそびましょう

首を左右に振る。

6 おおきなくりの きのしたで

1、2を繰り返す。

15 おおきなたいこ

小林純一 作詞
中田喜直 作曲

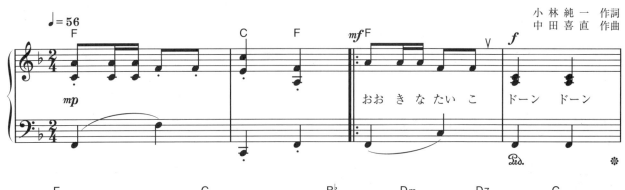

おおきなたいこ ドーンドーン　　おおきなたいこ ちいさなたいこ
ちいさなたいこ トントントン　　ドンドン トントントン

準備：あれば太鼓（大・小）※なくても可

1 おおきなたいこ
両腕で大きな円を描く。

2 ドーンドーン
腕を片方ずつ振り下ろして、たたくまねをする。

3 ちいさなたいこ
指で小さなたいこを描く。

4 トントントン
一本指で、たたくまねをする。

5 おおきなたいこ〜トントントン

1に戻って繰り返す。

★実際に太鼓を使ってもよい。大きな太鼓と小さな太鼓を並べると、さらにGood。

16 おかあさん

田中ナナ 作詞
中田喜直 作曲

1 おかあさん なあに
  おかあさんて いいにおい
  せんたく していた においでしょ
  しゃぼんの あわの においでしょ

2 おかあさん なあに
  おかあさんて いいにおい
  おりょうり していた においでしょ
  たまごやきの においでしょ

★保育者のひざの上に子どもをのせ（対面がよい）、歌い終わったあと、ぎゅーと抱きしめる。「大好き！」と声かけする。

17 おかたづけ

作詞・作曲者不詳

おかたづけ おかたづけ
さあさ みなさん おかたづけ

★お片づけをしたいときに歌います。「おかたづけ〜」のところで手拍子すると動きやすい。お片づけのときに歌って習慣づけるとスムーズに楽しく片づけられます。

18 おしくらまんじゅう

わらべうた

おしくらまんじゅう おされて なくな

遊び方

準備：なるべく大人数で真ん中にぎゅっと寄る

身体と身体を楽しくぶつけ合ったり、押し合ったりする。腕組みして外向きになり押し合うのも楽しい。地面に丸いラインを描き、外に出たら負けとすると、盛り上がる。

19 おしょうがつ

東 くめ 作詞
瀧 廉太郎 作曲

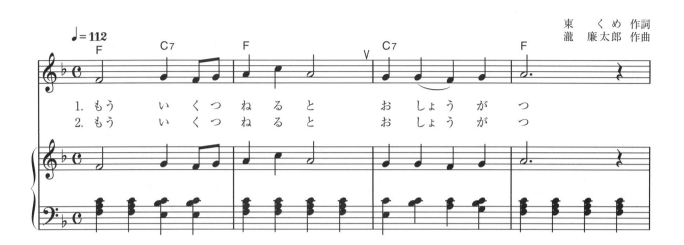

1 もういくつ ねると おしょうがつ
  おしょうがつには たこあげて
  こまを まわして あそびましょう
  はやく こいこい おしょうがつ

2 もういくつ ねると おしょうがつ
  おしょうがつには まりついて
  おいばね ついて あそびましょう
  はやく こいこい おしょうがつ

20 おすもうくまちゃん

佐藤 義美 作詞
磯部 俶 作曲

1 おすもう くまちゃん くまのこちゃん
  はっけ よいよい はっけよい はっけよい
  どちらが つよいか は―あっけよい
  しっかり しっかり しっかりね

2 おすもう くまちゃん くまのこちゃん
  はっけ よいよい はっけよい はっけよい
  ころんで まけても は―あっけよい
  ないては だめだよ だめですよ

21 おちゃらかホイ

わらべうた

セッセッセのヨイヨイヨイ
おちゃらか おちゃらか おちゃらか ホイ
おちゃらか どうじで／かったよ／まけたよ
おちゃらか ホイ

遊び方

1 セッセッセのヨイヨイヨイ

二人で向かい合って両手をつなぎ、上下に振る。

2 おちゃ・らか

両手をパチンと打ったあと、右手同士を合わせる。
続く「おちゃらか」は、「おちゃ」は同じで、2回目の「らか」が左手、3回目が右手を合わせる。

3 ホイ　おちゃらか

「ホイ」でジャンケンをし、「おちゃらか」で**2**の動作を1回する。

4 どうじで

あいこのときは両手を腰にあてる。

かったよ・まけたよ

勝った人がバンザイをし、負けた人はおじぎをする。

24 おはながわらった

保富庚午 作詞
湯山　昭 作曲

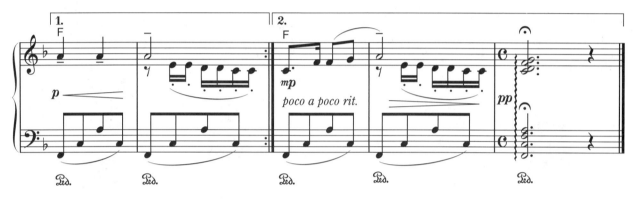

1 おはなが わらった おはなが わらった
　おはなが わらった おはなが わらった
　みんな わらった いちどに わらった

2 おはなが わらった おはなが わらった
　おはなが わらった おはなが わらった
　みんな わらった げんきに わらった

遊び方

準備：みんなで手をつないで輪になる

1 おはなが わらった〜おはなが わらった

時計と反対方向にゆっくり回る。

2 みんな〜いちどに わらった

時計の進行方向にゆっくり回る。

3 おはなが わらった〜おはなが わらった

時計と反対方向に、円を小さくしながら回る。

4 みんな〜げんきに わらった

時計の進行方向に、円を大きくしながら回る。

25 おはながわらった 簡単バージョン

保富庚午 作詞
湯山 昭 作曲

26 おはなしゆびさん

香山美子 作詞
湯山 昭 作曲

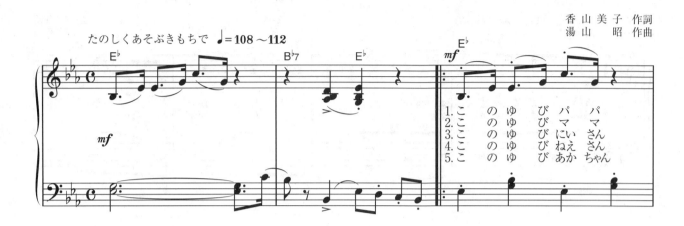

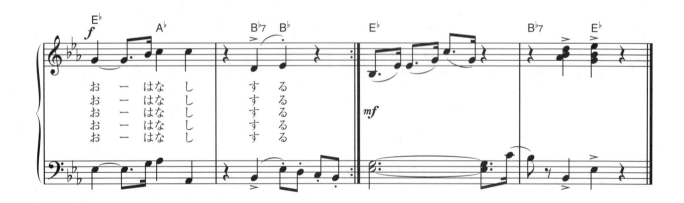

1 このゆび パパ ふとっちょ パパ
　やあやあ やあやあ ワハハハハハハ　おはなしする

2 このゆび ママ やさしい ママ
　まあまあ まあまあ ホホホホホホホ　おはなしする

3 このゆび にいさん おおきい にいさん
　オスオス オスオス ヘヘヘヘ ヘヘヘ　おはなしする

4 このゆび ねえさん おしゃれな ねえさん
　アラアラ アラアラ ウフフフ フフフ　おはなしする

5 このゆび あかちゃん よちよち あかちゃん
　ウマウマ ウマウマ アブブブ ブブブ　おはなしする

遊び方

準備：みんなで手をつないで輪になる

1 このゆび パパ ふとっちょ パパ

両手の親指を立てて左右に振る。

2 やあやあ やあやあ

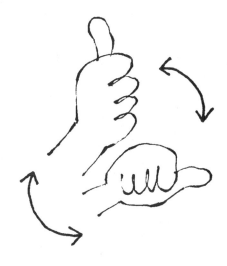

手首を振る。

3 ワハハハハハハ

笑っているように揺らす。

4 おはなしする

両手の親指をくっつけて、お話ししているように。

★2番以降、人差し指、中指……と同様に動かす。

27 おべんとう

1 おべんと おべんと うれしいな
  おてても きれいに なりました
  みんな そろって ごあいさつ

2 おべんと おべんと うれしいな
  なんでも たべましょ よくかんで
  みんな すんだら ごあいさつ

1 おほしさま ぴかり おはなし してる
ちいさな こえで かわいい こえで
おはなし してる

2 おほしさま ぴかり おでんわ かけた
あのこに このこ よいこは どのこ
おでんわ かけた

1 いつの ことだか おもいだして ごらん
あんなこと こんなこと あったでしょう
うれしかったこと おもしろかったこと
いつに なっても わすれない

2 はるの ことです おもいだして ごらん
あんなこと こんなこと あったでしょう
ぽかぽか おにわで なかよく あそんだ
きれいな はなも さいていた

3 なつの ことです おもいだして ごらん
あんなこと こんなこと あったでしょう
むぎわらぼうしで みんな はだかんぼ
おふねも みたよ すなやまも

4 あきの ことです おもいだして ごらん
あんなこと こんなこと あったでしょう
どんぐり やまの ハイキング ラララ
あかい はっぱも とんでいた

5 ふゆの ことです おもいだして ごらん
あんなこと こんなこと あったでしょう
もみのき かざって メリークリスマス
サンタの おじいさん わらってた

6 ふゆの ことです おもいだして ごらん
あんなこと こんなこと あったでしょう
さむい ゆきのひ あったかい へやで
たのしい はなし ききました

7 いちねんじゅうを おもいだして ごらん
あんなこと こんなこと あったでしょう
ももの おはなも きれいに さいて
もうすぐ みんなは いちねんせい

1 おんまは みんな ぱっぱか はしる
ぱっぱか はしる ぱっぱか はしる
おんまは みんな ぱっぱか はしる
どうして はしる
どうして なのか だれも しらない
だけど
おんまは みんな ぱっぱか はしる
ぱっぱか はしる ぱっぱか はしる
おんまは みんな ぱっぱか はしる
おもしろいね

2 こぶたの しっぽ ちょんぼりちょろり
ちょんぼり ちょろり ちょんぼり ちょろり
こぶたの しっぽ ちょんぼり ちょろり
どうして ちょろり
どうして なのか だれもしらない
だけど
こぶたの しっぽ ちょんぼり ちょろり
ちょんぼり ちょろり ちょんぼり ちょろり
こぶたの しっぽ ちょんぼり ちょろり
おもしろいね

遊び方

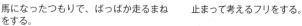

準備：全員バラバラに散らばる

1 おんまは みんな〜どうして はしる　　**2** どうして なのか だれも しらない

馬になったつもりで、ぱっぱか走るまねをする。　　止まって考えるフリをする。

3 だけど おんまは〜おもしろいね

再び馬になったつもりで走るまねをする。

★2番は子ブタになったつもりで、しっぽをチョロチョロさせながら動き回る。

32 かえるのがっしょう

岡本敏明 作詞
ドイツ民謡

かえるの うたが きこえて くるよ
クヮ クヮ クヮ クヮ
ケケケケ ケケケケ
クヮ クヮ クヮ クヮ

遊び方

準備：プレイパラシュート（パラバルーン）をみんなで持つ

1 かえるの うたが きこえて くるよ

リズムに合わせてパラシュートを上下に振る。

2 クヮクヮ クヮクヮ〜

かえるになりたい人が上に乗り、リズムに合わせてパラシュートを回す。

33 かたつむり

文部省唱歌

1 でんでん むしむし かたつむり
　おまえの あたまは どこにある
　つのだせ やりだせ あたまだせ

2 でんでん むしむし かたつむり
　おまえの めだまは どこにある
　つのだせ やりだせ めだまだせ

遊び方

準備：両手で三角をつくる。

1 でん

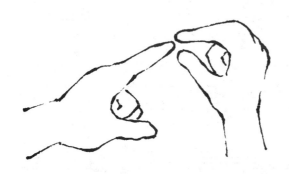

右手の親指を人差し指につける。

2 でん

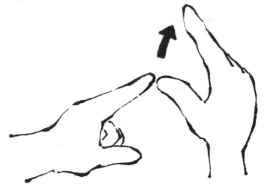

右手の人差し指を離す。

3 むし

左手の親指を右手の親指につける。

4 むし

左手の人差し指を右手の人差し指につけて、三角をつくる。

以降、歌に合わせて繰り返す。

34 かわいいかくれんぼ

サトウ ハチロー 作詞
中田 喜直 作曲

1 **ひよこがね**
　おにわで ぴょこぴょこ かくれんぼ
　どんなに じょうずに かくれても
　きいろい あんよが みえてるよ
　だんだん だれが めっかった

2 **すずめがね**
　おやねで ちょんちょん かくれんぼ
　どんなに じょうずに かくれても
　ちゃいろの ぼうしが みえてるよ
　だんだん だれが めっかった

3 **こいぬがね**
　のはらで よちよち かくれんぼ
　どんなに じょうずに かくれても
　かわいい しっぽが みえてるよ
　だんだん だれが めっかった

35 きらきらぼし

武鹿悦子 訳詞
フランス民謡

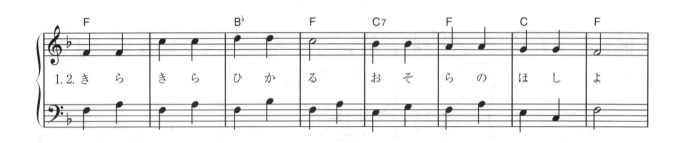

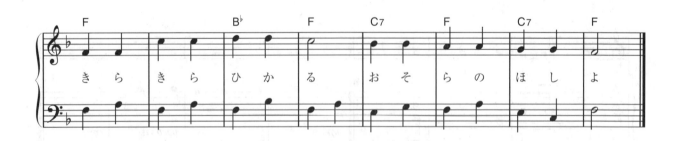

1 きらきら ひかる おそらの ほしよ
  まばたき しては みんなを みてる
  きらきら ひかる おそらの ほしよ

2 きらきら ひかる おそらの ほしよ
  みんなの うたが とどくと いいな
  きらきら ひかる おそらの ほしよ

36 キリン

清水 たみ子 作詞
中田 一次 作曲

1. キリン　キリン　キリン
   キリンとおはなし したいけど
   とっても くびが いたくなる
   ね！ ちょっと ここまで おりてきて

2. キリン　キリン　キリン
   キリンに てんきよほう たのみましょう
   そらに にしかぜ ふいてくる
   え！ たぶん あしたも はれるって

37 くいしんぼうのゴリラ

作者不詳

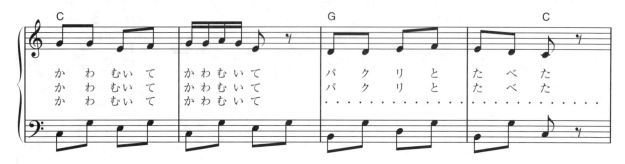

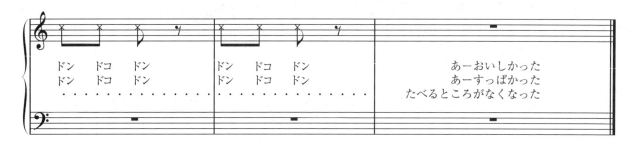

1 くいしんぼうの ゴリラが
　バナナを みつけた
　かわむいて かわむいて パクリと たべた
　ドンドコドン ドンドコドン
　あーおいしかった

2 くいしんぼうの ゴリラが
　レモンを みつけた
　かわむいて かわむいて パクリと たべた
　ドンドコドン ドンドコドン
　あーすっぱかった

3 くいしんぼうの ゴリラが
　たまねぎ みつけた
　かわむいて かわむいて…………
　たべるところが なくなった

遊び方

準備：保育者を含めて輪になる

1 くいしんぼうの ゴリラが

ゴリラのまねをして右手・左手で胸をたたく。

2 バナナを みつけた
バナナの形を両手でつくって、指をさす。

3 かわむいて かわむいて

皮をむくまねをする。

4 パクリと たべた
手を口にもっていって食べるまねをする。

5 ドンドコドン ドンドコドン
1と同じ動作をする。

6 あーおいしかった

ほっぺたを押さえて、おいしい顔をする。
「すっぱい」すっぱい顔
「なくなった」泣き顔

38 くまさんくまさん

くまさん くまさん りょうてを あげて　　くまさん くまさん まわれみぎ
くまさん くまさん かたあし あげて　　　くまさん くまさん さようなら

遊び方

準備：向かい合わせの2重円になる

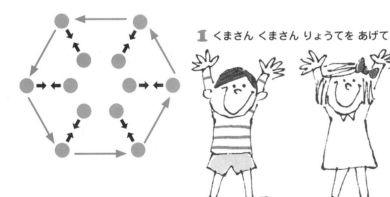

1 くまさん くまさん りょうてを あげて

手拍子のあと、両手を上げる
（年少児は二人で両手をつないでもOK）。

2 くまさん くまさん かたあし あげて

手拍子のあと、片足を上げる
（年少児は両手をつないでもOK）。

3 くまさん くまさん まわれみぎ

手拍子のあと、右方向に1周回る。

4 くまさん くまさん さようなら

手拍子のあと、おじぎをする。1に戻り、外円の
子どもは「くまさんくまさん」で右へ1つ移動する。

★「くまさんくまさん」のところを、
年少児は両手をつないで上下に振
る、年長児は手拍子など。

39 げんこつやまの たぬきさん

わらべうた

げんこつやまの たぬきさん
おっぱい のんで ねんねして
だっこして おんぶして またあした

遊び方

1 げんこつやまの たぬきさん

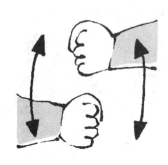

右手と左手のげんこつを上下に重ねて、入れかえを繰り返す。

2 おっぱい のんで

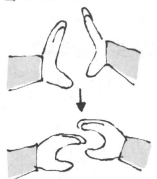

左右の指をリズムに合わせて動かす。

3 ねんねして

手のひらを重ね合わせて、左右の頬に順番につける。

4 だっこして

赤ちゃんをだっこするまねをする。

5 おんぶして

おんぶのまねをする。

6 またあした

腕をぐるぐる回して、最後の「た」でジャンケン。

# 40 こいのぼり

近藤宮子 作詞
えほん唱歌

やねより たかい こいのぼり
おおきい まごいは おとうさん
ちいさい ひごいは こどもたち
おもしろそうに およいでる

42 こぎつね

勝 承夫 作詞
ドイツ民謡

1 こぎつね コンコン
　やまのなか やまのなか
　くさのみ つぶして おけしょうしたり
　もみじの かんざし つげのくし

2 こぎつね コンコン
　ふゆのやま ふゆのやま
　かれはの きものじゃ ぬうにも ぬえず
　きれいな もようの はなもなし

3 こぎつね コンコン
　あなのなか あなのなか
　おおきな しっぽは じゃまには なるし
　こくびを かしげて かんがえる

43 こどものおうさま

作詞者不詳
外 国 曲

きれいな まるい わのなかに
こどもの おうさま いらっしゃる
はじめに たって おじぎして
それから ぐるぐる まわりましょう

44 ことりのうた

1 りすさんが マスクした ちいさい ちいさい ちいさい ちいさい マスクした コンコンコンコン クシャン	3 ぶうちゃんが マスクした まるい まるい まるい まるい マスクした コンコンコンコン クシャン	5 ぞうさんが マスクした ながい ながい ながい ながい マスクした コンコンコンコン クシャン
2 つるさんが マスクした ほそい ほそい ほそい ほそい マスクした コンコンコンコン クシャン	4 かばさんが マスクした おおきい おおきい おおきい おおきい マスクした コンコンコンコン クシャン	

遊び方

準備：みんなで輪になる

1 りすさんが マスクした

両手の人差し指と親指を曲げて、マスクを2回つくる。

2 ちいさい〜マスクした

両手の人差し指で小さい四角を描くまねをする。

3 コンコン〜クシャン

小さくくしゃみをするまねをする。

★2番以降、歌詞に合わせてマスクの形を変えて遊ぶ。ぞうさんのくしゃみは長く引っ張るとよい。

46 ごんべさんのあかちゃん

作詞者不詳
アメリカ民謡

ごんべさんの あかちゃんが かぜひいた
ごんべさんの あかちゃんが かぜひいた
ごんべさんの あかちゃんが かぜひいた
そこで あわてて しっぷした

遊び方

準備：3歳以上児は向かい合う。3歳未満児はバラバラ

〈3歳以上児向け〉

1 ごんべ・さんの

拍手1回のあと、お互いの右手を合わせる。

2 あか・ちゃんが

拍手1回のあと、お互いの左手を合わせる。

3 かぜ・ひいた

拍手1回のあと、くしゃみのまねをする。

4 そこで あわてて

拍手を4回する。

5 しっぷ・した

右手を左肩、左を右肩に置き、バッテンにする。

〈3歳未満児向け〉

1 ごんべさんの〜かぜひいた

手拍子をする。

2 「クシャン」

くしゃみのまねをする。

3 ごんべさんの〜かぜひいた

手拍子をする。

4 そこで あわてて しっぷした

右手・左手の順で胸に当て、バッテンにする。

47 サッちゃん

阪田寛夫 作詞
大中 恩 作曲

1 サッちゃんはね
サチコっていうんだ ほんとはね
だけど ちっちゃいから
じぶんのこと サッちゃんて よぶんだよ
おかしいな サッちゃん

2 サッちゃんはね
バナナがだいすき ほんとだよ
だけど ちっちゃいから
バナナを はんぶんしか たべられないの
かわいそうね サッちゃん

3 サッちゃんがね
とおくへ いっちゃうって ほんとかな
だけど ちっちゃいから
ぼくのこと わすれて しまうだろ
さびしいな サッちゃん

48 さよならあんころもち

わらべうた

さよなら
あんころもち
またきなこ

遊び方

準備：二人組で向かい合う

〈バージョン１〉

手をつないで上下に振りながら歌う。

〈バージョン２〉

二人で大きく揺れながら歌い、「またきなこ」で手を同時にパッと離す。

★「またきなこ」で抱きしめてから別れてもOK。

49 さよならのうた

ほしやまあさぎ 作詞
ほしやまあさぎ 作曲

さようなら みなさん
たのしかったね
さようなら みなさん
また おあいしましょう

遊び方

みんなで輪になって座り、歌う。「さよなら」のところでおじぎをする

50 しあわせならてをたたこう

スペイン民謡
木村利人 作詞

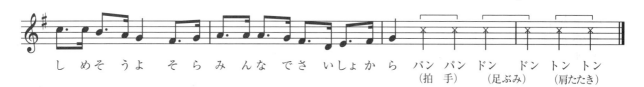

1　しあわせなら てを たたこう
　　しあわせなら てを たたこう
　　しあわせなら たいどで しめそうよ
　　そら みんなで てを たたこう

2　しあわせなら あし ならそう
　　しあわせなら あし ならそう

　　しあわせなら たいどで しめそうよ
　　そら みんなで あし ならそう

3　しあわせなら かた たたこう
　　しあわせなら かた たたこう
　　しあわせなら たいどで しめそうよ
　　そら みんなで かた たたこう

4　しあわせなら さいしょから
　　パンパン ドンドン トントン
　　しあわせなら さいしょから
　　パンパン ドンドン トントン
　　しあわせなら たいどで しめそうよ
　　そら みんなで さいしょから
　　パンパン ドンドン トントン

遊び方

準備：みんなで輪になる

1　（拍手）で手をパチパチ、（足ぶみ）で足ぶみしてドンドン、（肩たたき）で肩をポンポン。

2　あとは、自由に替え歌をして動作を考える。たとえば、「鼻さわろう」「ひざたたこう」など。

51 しずかなこはんの

山北　多喜彦 作詞
東京ＹＭＣＡ 作詞
外　国　曲

1 しずかな こはんの
　もりの かげから
　もうおきゃ いかがと
　カッコがなく
　カッコ カッコ カッコ カッコ
　カッコ

2 よるも ふけたよ
　おしゃべり やめて
　もうねちゃ いかがと
　ふくろ なく
　ホッホ ホッホ ホッホ ホッホ
　ホッホ

53 10にんのインディアン

高田 三九三 訳詞
アメリカ 曲

ひとり ふたり さんにん いるよ
よにん ごにん ろくにん いるよ
しちにん はちにん くにん いるよ
インディアンが じゅうにん

遊び方

準備：みんなで輪になって手をつなぐ

1 ひとり ふたり〜くにん いるよ

少しずつ輪を小さくしていく。

2 インディアンが じゅうにん

輪をギュッと小さくする。

3 「いちにのさん」

手をつないだまま一気に輪を大きく広げる。

54 ジングルベル

安西愛子 作詞
アメリカ民謡

1 リンリンリン リンリンリン
　すず ならし
　ゆきの のやまを そりは はしる
　ジングルベル ジングルベル
　うれしいな
　サンタクロースが そりで くる

2 リンリンリン リンリンリン
　すず ならし
　ゆきの のやまを そりは はしる
　ジングルベル ジングルベル
　たのしいな
　とおくに すずのね こだま する

55 すうじのうた

夢 虹二 作詞
小谷 肇 作曲

1 すうじの いちは なあに
こうばの えんとつ

2 すうじの にar なあに
おいけの がちょう

3 すうじの さんは なあに
あかちゃんの おみみ

4 すうじの しは なあに
かかしの ゆみや

5 すうじの ごは なあに
おうちの かぎよ

6 すうじの ろくは なあに
たぬきの おなか

7 すうじの しちは なあに
こわれた らっぱ

8 すうじの はちは なあに
たなの だるま

9 すうじの きゅうは なあに
おたまじゃくし

10 すうじの じゅうは なあに
えんとつと おつきさま

56 せんせいとおともだち

吉岡　治 作詞
越部信義 作曲

1 せんせいと おともだち	2 せんせいと おともだち	3 せんせいと おともだち
せんせいと おともだち	せんせいと おともだち	せんせいと おともだち
あくしゅを しよう	あいさつしよう	にらめっこ しよう
ギュギュギュ	おはよう	メッメッメッ

遊び方

準備：〈バージョン1〉保育者や友達と二人で向かい合わせになる
　　　〈バージョン2〉バラバラに散らばる

1 せんせいと〜おともだち

〈バージョン1〉

二人で手をつないで上下に振る。

〈バージョン2〉

好きに歩き回る。

2 あくしゅを しよう ギュギュギュ

〈バージョン1〉は相手と、〈バージョン2〉はパートナーを見つけて握手する。「ギュ」で手をお互いにギュッと握りしめる。

〈2番〉
あいさつしよう おはよう

おじぎをして、「おはよう」と言う。

〈3番〉
にらめっこ〜メッメッメッ

歌い終わったら、にらめっこをする。

57 せんべせんべやけた

わらべうた

せんべ せんべ やけた
どのせんべ やけた
このせんべ やけた
○○ちゃん せんべ やけた

遊び方

準備：5〜6人が輪になって両手を前に出し、手の甲を上にする

1 せんべ せんべ〜このせんべ やけた　　**2** ○○ちゃん せんべ やけた　　**3**

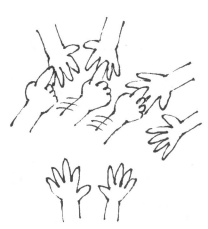 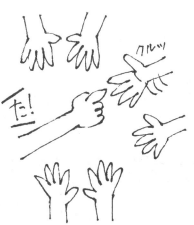 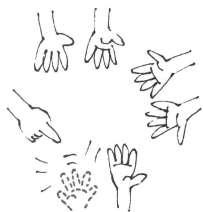

オニの人が歌いながら、右の人差し指でみんなの手の甲を順番に指していく。

「た」で指さした手の甲をひっくり返す。

1、2を続けて、どんどんおせんべを焼いていく。手のひらが上になっている人が二度目に指をさされたら、両面焼けたことにして手を引っ込める。

58 せんろはつづくよどこまでも

アメリカ民謡
佐木 敏 作曲

1 せんろは つづくよ どこまでも
 のをこえ やまこえ たにこえて
 はるかな まちまで ぼくたちの
 たのしい たびのゆめ つないでる

2 せんろは うたうよ いつまでも
 れっしゃの ひびきを おいかけて
 リズムに あわせて ぼくたちも
 たのしい たびのうた うたおうよ

59 ぞうさん

まど・みちお 作詞
團 伊玖磨 作曲

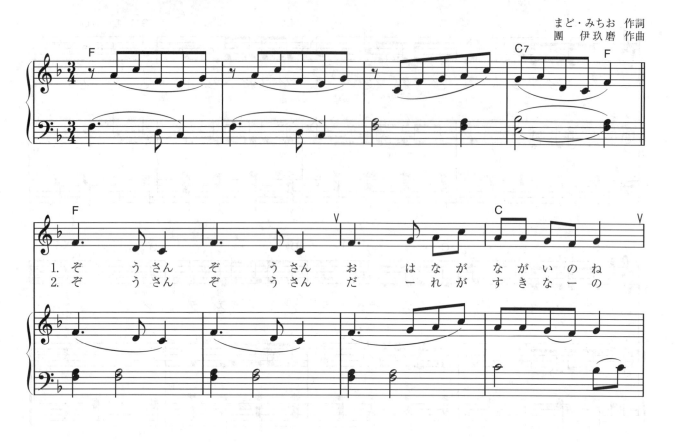

1 ぞうさん ぞうさん
　おはなが ながいのね
　そうよ かあさんも ながいのよ

2 ぞうさん ぞうさん
　だれが すきなの
　あのね かあさんが すきなのよ

1 かきねの かきねの まがりかど
  たきびだ たきびだ おちばたき
  あたろうか あたろうよ
  きたかぜ ピープー ふいている

2 さざんか さざんか さいたみち
  たきびだ たきびだ おちばたき
  あたろうか あたろうよ
  しもやけ おててが もうかゆい

3 こがらし こがらし さむいみち
  たきびだ たきびだ おちばたき
  あたろうか あたろうよ
  そうだん しながら あるいてく

61 たけのこいっぽんおくれ

わらべうた

1 たけのこ いっぽん おくれ
　まだ めが でないよ

2 たけのこ にほん おくれ
　まだ めが でないよ

3 たけのこ さんぼん おくれ
　まだ めが でないよ

4 たけのこ よんほん おくれ
　もう めが でたよ

遊び方

準備：オニ（たけのこを抜く役目の子）を決める。ほかの子どもは、木に先頭の子がつかまって、あとは縦一列になり腰（肩）にしっかりつかまる

1 たけのこ いっぽん〜　　**2** たけのこ よんほん〜めが でたよ　　**3**

オニが「たけのこ いっぽん おくれ」と歌い、ほかの子たちは「まだ めが でないよ」と歌って答える。以降、「さんぼん」まで繰り返す。

歌い終わったら、オニが最後尾の子を綱引きのように引っ張る。ほかの子は抜かれないように、前の子にしがみつく。

抜かれた子は、今度はオニの後ろについて、一緒に引き抜く役になる。

62 たけのこめだした

わらべうた

たけのこ めだした
はなさきゃ ひらいた
はさみで ちょんぎるぞ
えっさ えっさ えっさっさ

遊び方

準備：二人組になって向かい合うか、みんなで円になる

1 たけのこ めだした

両手で頭の上に三角を作り、上下に体を揺らす。

2 はなさきゃ ひらいた

両手で花の形をつくり、左右に揺らす。

3 はさみで ちょんぎるぞ

両手でちょきをつくり揺らす。

4 えっさ えっさ えっさっさ

腕を振りながら両足跳びをする。

5

止まったらじゃんけんをし、負けた子は勝った子どもの後ろにつながる。

★前の子につかまって、揺れながら歩いても楽しい。

63 たなばたさま

権藤はなよ　作詞
林　柳波　補詞
下総皖一　作曲

1　ささのは さらさら
　　のきばに ゆれる
　　おほしさま きらきら
　　きんぎん すなご

2　ごしきの たんざく
　　わたしが かいた
　　おほしさま きらきら
　　そらから みてる

64 たまごたまご

作者不詳

1 たまご たまごが パチンと われて
　なかから ひよこが ピヨピヨピヨ
　まあ かわいい ピヨピヨピヨ

2 かあさんどりの はねのしたから
　くびだけだして ピヨピヨピヨ
　まあ かわいい ピヨピヨピヨ

3 おそら おそらが まぶしくて
　まるい おめめが クリッ クリッ クリッ
　まあ かわいい クリッ クリッ クリッ

遊び方

準備：みんなで輪になる

1 たまご たまごが

両手で卵の形をつくる。

2 パチンと われて

1回拍手をする。

3 なかから ひよこが ピヨピヨピヨ

両手をひよこの羽のように動かす。

4 まあ かわいい

「かわいい！」という感動的な表情をする。

5 ピヨピヨピヨ

両手の指を開いて動かす。

6 2番「かあさんどりの〜」

保育者が子どもに近づいて、二人で同じことをしながら歌う。

★「ひよこ」だけでなく、「へび」など子どもたちに考えてもらうと楽しい。

65 だるまさん

わらべうた

だるまさん だるまさん
にらめっこ しましょ
わらうと まけよ
あっぷっぷ

遊び方

準備：みんなであぐらをかいて座る

歌い終わったら、にらめっこをする。
ごろんとひっくり返る、揺れる、さわる、
くすぐるのも楽しい。

赤ちゃんはひざの上に乗せて一緒に揺れる。

66 ちいさいあきみつけた

サトウ ハチロー 作詞
中田 喜直 作曲

※ だれかさんが だれかさんが
　 だれかさんが みつけた
　 ちいさいあき ちいさいあき
　 ちいさいあき みつけた

1 めかくし おにさん てのなるほうへ
　 すました おみみに かすかにしみた
　 よんでる くちぶえ もずのこえ

　 ちいさいあき ちいさいあき
　 ちいさいあき みつけた
　 ※1回繰り返し

2 おへやは きたむき くもりのガラス
　 うつろな めのいろ とかしたミルク
　 わずかな すきから あきのかぜ
　 ちいさいあき ちいさいあき

　 ちいさいあき みつけた
　 ※1回繰り返し

3 むかしの むかしの かざみとりの
　 ぼやけた とさかに はぜのは ひとつ
　 はぜのは あかくて いりひいろ
　 ちいさいあき ちいさいあき
　 ちいさいあき みつけた

68 ちゃちゃつぼちゃつぼ

わらべうた

ちゃちゃつぼ ちゃつぼ
ちゃつぼにゃ ふたがない
そこを とって ふたにしろ

遊び方

準備：向かい合ったり、小さい輪になる

1 ちゃ

右手で左手のつぼにフタをする。

2 ちゃ

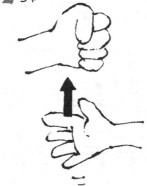

右手を裏返し、左手のつぼの底にあてる。

3 つ

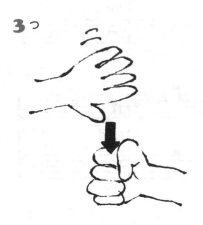

右手でつぼをつくり、左手でフタをする。

4 ぼ

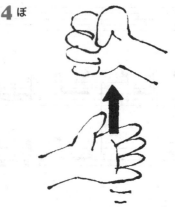

左手を裏返し、右手のつぼの底にあてる。

★これを繰り返し、最後は右手で左手のつぼにフタをする形に戻る。

さいた さいた チューリップの はなが
ならんだ ならんだ あかしろ きいろ
どのはな みても きれいだな

70 ちょうちょう

ちょうちょう ちょうちょう
なのはに とまれ
なのはに あいたら
さくらに とまれ
さくらの はなの はなから はなへ
とまれよ あそべ
あそべよ とまれ

71 ちょちちょちあわわ

わらべうた

ちょち ちょち あわわ
かいぐり かいぐり とっとのめ
おつむ てんてん ひじ とんとん

遊び方

1 ちょち ちょち

2回拍手する。

2 あわわ

右手で口を軽く押さえる。

3 かいぐり かいぐり

腕をぐるぐる回す。

4 とっとのめ

左の手のひらを右の人差し指でつつく。

5 おつむ てんてん

両手で頭を押さえる。

5 ひじ とんとん

ひじをたたく。

72 でこちゃんはなちゃん

わらべうた

でこちゃん はなちゃん
きしゃぽーぽ

遊び方

準備：子どもと向かい合う

1 でこちゃん

人差し指で子どものおでこをさわる。

2 はなちゃん

鼻をつつく。

3 きしゃぽー

両方の人差し指で子どものほっぺをくるくるさわる。

4 ぽ

「ぽ」で止める。

98

1 ぼくらは みんな いきている
　いきているから うたうんだ
　ぼくらは みんな いきている
　いきているから かなしいんだ
　てのひらを たいように すかしてみれば
　まっかに ながれる ぼくの ちしお
　みみずだって おけらだって
　あめんぼだって みんなみんな
　いきているんだ ともだちなんだ

2 ぼくらは みんな いきている
　いきているから わらうんだ
　ぼくらは みんな いきている
　いきているから うれしいんだ
　てのひらを たいように すかしてみれば
　まっかに ながれる ぼくの ちしお
　とんぼだって かえるだって
　みつばちだって みんなみんな
　いきているんだ ともだちなんだ

74 てをたたきましょう

小林純一 作詞
外国曲

1 ※てを たたきましょう
　　たんたん たん たんたん たん
　　あしぶみ しましょう
　　たんたん たん たんたん たん
　わらいましょう あっはっは
　わらいましょう あっはっは
　あっはっは あっはっは
　ああ おもしろい

2 ※1回繰り返し
　おこりましょう うんうん うん
　おこりましょう うんうん うん
　うんうん うん うんうん うん
　ああ おもしろい

3 ※1回繰り返し
　なきましょう えんえん えん
　なきましょう えんえん えん
　えんえん えん えんえん えん
　ああ おもしろい

遊び方

準備：みんなで輪になる。

1 てを たたきましょう たんたん〜

「たんたん」で手拍子する。

2 あしぶみ しましょう たんたん〜

「たんたん」で足ぶみする。

3 わらいましょう あっはっは

楽しそうに笑う。

4 ああ おもしろい

手をひらひらさせながら頭の上から下ろす。

75 てをつなごう

中川李枝子 作詞
諸井 誠 作曲

1 てを つなごう
　みんなで てを つなごう
　ほらほら おおきな
　おなべが できました
　まあるい まめが
　ポンポンポン
　おなべの なかで
　はねました

2 てを つなごう
　みんなで てを つなごう
　ほらほら おおきな
　おいけが できました
　あかい きんぎょ
　ヒラヒラヒラ
　おいけの なかで
　およいでる

3 てを つなごう
　みんなで てを つなごう
　ほらほら おおきな
　おはなが できました
　ゆうやけこやけ
　にしのそら
　おはなは みんな
　めをとじる

76 でんでらりゅうば

わらべうた

```
でんでら りゅうば    こんこら れんけん
でてくる ばってん    こられら れんけん
でんでら れんけん    こん こん
こられんけん
```

遊び方

準備：バラバラになって歌う。4～5人で一列でも可

〈バージョン1〉

歌をゆっくり歌いはじめて、だんだん速くしていく。

〈バージョン2〉

1「でんでら～こられら れんけん」

たとえば、①～③にチームを分けて、①が「でんでら りゅうば でてくる ばってん」と歌ったら、②が「でんでら～」と歌い出し、次は③というように輪唱する。

2 こん こん

最後に「こんこん」でそろえる。

いろいろな体制で楽しめます

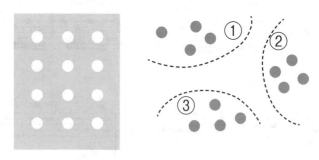

みんなでつながって歌っても楽しい。

77 とけいのうた

筒井 敬介 作詞
村上 太朗 作曲

1 コチコチカッチン おとけいさん
  コチコチカッチン うごいてる
  こどもの はりと おとなの はりと
  こんにちは さようなら
  コチコチカッチン さようなら

2 コチコチカッチン おとけいさん
  コチコチカッチン うごいてる
  こどもが ピョコリ
  おとなが ピョコリ
  こんにちは さようなら
  コチコチカッチン さようなら

78 トマト

荘司 武 作詞
大中 恩 作曲

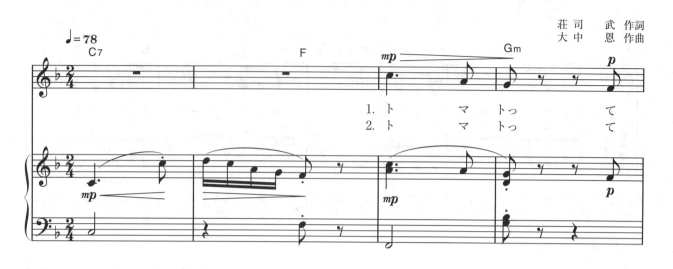

1 トマトって かわいい なまえだね
　うえから よんでも トマト
　したから よんでも トマト

2 トマトって なかなか おしゃれだね
　ちいさい ときには あおいふく
　おおきくなったら あかいふく

79 どんぐりころころ

1 どんぐり ころころ どんぶりこ
  おいけに はまって さあ たいへん
  どじょうが でてきて こんにちは
  ぼっちゃん いっしょに あそびましょう

2 どんぐり ころころ よろこんで
  しばらく いっしょに あそんだが
  やっぱり おやまが こいしいと
  ないては どじょうを こまらせた

1 バナナが いっぽん ありました
あおい みなみの そらのした
こどもが ふたりで とりやっこ
バナナは ツルンと とんでった
バナナは どこへ いったかな
バナナン バナナン バナナ

2 ことりが いちわ おりました
やしの こかげの すのなかで
おそらを みあげた そのときに
バナナが ツルンと とびこんだ
はねも ないのに ふんわりこ
バナナン バナナン バナナ

3 きみは いったい だれなのさ
ことりが バナナを つつきます
これは たいへん いちだいじ
バナナが ツルンと にげだした
たべられちゃう なんて やなこった
バナナン バナナン バナナ

4 ワニが いっぴき おりました
しろい しぶきの すなはまで
おどりを おどって おりますと
バナナが ツルンと とんできた
おひさま にこにこ いいてんき
バナナン バナナン バナナ

5 ワニと バナナが おどります
ポンポコ ツルリン ポンツルリ
あんまり ちょうしに のりすぎて
バナナは ツルンと とんでった
バナナは どこへ いったかな
バナナン バナナン バナナ

6 おふねが いっそう うかんでた
おひげ はやした せんちょうさん
グーグー おひるね いいきもち
おくちを ポカンと あけてたら
バナナが スポンと とびこんだ
モグモグ モグモグ たべちゃった
たべちゃった たべちゃった

81 とんぼのめがね

1 とんぼの めがねは
　みずいろ めがね
　あおい おそらを
　とんだから とんだから

2 とんぼの めがねは
　ぴかぴか めがね
　おてんとさまを
　みてたから みてたから

3 とんぼの めがねは
　あかいろ めがね
　ゆうやけぐもを
　とんだから とんだから

82 なべなべそこぬけ

わらべうた

なべなべ そこぬけ
そこが ぬけたら
かえりましょ

遊び方

準備：二人で向かい合わせになる

1 なべなべ そこぬけ

両手を取り、左右に揺れる。

2 そこが ぬけたら かえりましょ

手をつないだまま、腕の下をお互いにくぐって背中合わせになる。

3 なべなべ そこぬけ

背中合わせのまま揺れる。

4 そこが ぬけたら かえりましょ

元に戻る。

83 パンやさんにおかいもの

佐倉智子 作詞
おざわたつゆき 作曲

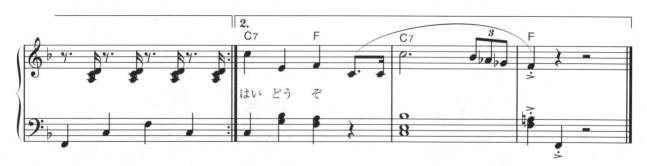

1 パンパン パンやさんに おかいもの
　サンドイッチに メロンパン
　ねじりドーナツ パンのみみ
　チョコパン ふたつ
　くださいな

2 ホイホイ たくさん まいどあり
　サンドイッチに メロンパン
　ねじりドーナツ パンのみみ
　チョコパン ふたつ
　はい どうぞ

遊び方

準備:
二人で向かい合わせ、もしくはペアで輪になる。パン屋さん役・お客さん役を決める

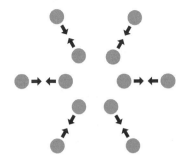

1 パンパン パンやさんに おかいもの

手拍子をする。

2 サンドイッチに

お客さんがパン屋さんのほっぺを両手ではさむ。

3 メロンパン

目尻を指で下げる。

4 ねじりドーナツ

鼻をつまむ。

5 パンのみみ

耳をつまむ。

6 チョコパン ふたつ くださいな

こちょこちょくすぐる。

113

84 ふうせん

小池タミ子 作詞
中田喜直 作曲

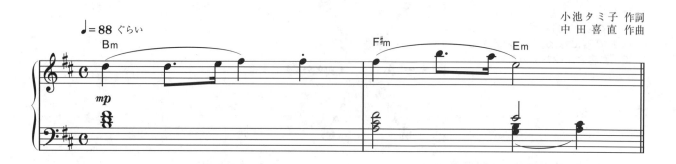

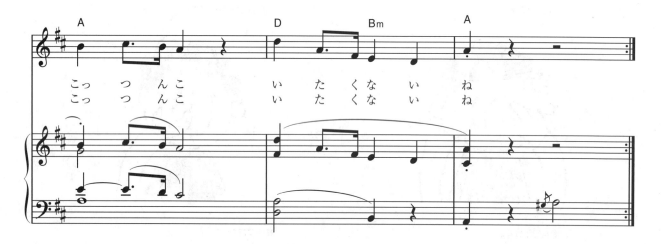

1 あかいふうせん あおいふうせん
　かぜが そっとふいて こっつんこ
　いたくないね

2 あかいふうせん あおいふうせん
　かぜが またふいて こっつんこ
　いたくないね

85 ふしぎなポケット

まど・みちお 作詞
渡辺 茂 作曲

1 ポケットのなかには
　ビスケットが ひとつ
　ポケットを たたくと
　ビスケットは ふたつ

2 もひとつ たたくと
　ビスケットは みっつ
　たたいて みるたび
　ビスケットは ふえる

3 そんな ふしぎな
　ポケットが ほしい
　そんな ふしぎな
　ポケットが ほしい

86 ぶんぶんぶん

村野四郎 作詞
ボヘミア民謡

1 ぶんぶんぶん はちがとぶ
　おいけの まわりに
　のばらが さいたよ
　ぶんぶんぶん はちがとぶ

2 ぶんぶんぶん はちがとぶ
　あさつゆ きらきら
　のばらが ゆれるよ
　ぶんぶんぶん はちがとぶ

87 ペンギンちゃんのやまのぼり

ほしやまあさぎ 採譜

1. ペンギンちゃんが こおりの おやまを のぼります とことこ
2. しろくまくんが こおりの おやまを のぼります どこどこ

とことこ／どこどこ すーっと すべって いいきもち

| 1 ペンギンちゃんが こおりの おやまを のぼります | とことこ とことこ すーっと すべって いいきもち | 2 しろくまくんが こおりの おやまを のぼります | どこどこ どこどこ すーっと すべって いいきもち |

遊び方

準備：子どもと向かい合わせに座る

1 ペンギンちゃんが〜とことこ

保育者が子どもの手をとり、2本指でペンギンがトコトコのぼるように手のひらから肩のほうへ進んでいく。

2 すーっと すべって

肩までのぼりつめたら、一気に手首まです〜っとすべる。

3 いいきもち

子どもの全身をマッサージする。
2番も動作は繰り返し。

88 ぼうがいっぽん あったとさ

わらべうた

ぼう が いっ ぽん あっ た と さ　はっ ぱ か な

はっ ぱ じゃ な い よ　か える だ よ　か える じゃ な い よ

あ ひる だ よ　ろ く が つ む い か の　さん か ん び

あ め ざあ ざあ　ふっ て き て　さ ん か く じょう ぎ に

ひ び いっ て　あ ん ぱ ん ふ た つ　ま め みっ

ぼうが いっぽん あったとさ
はっぱかな
はっぱじゃないよ かえるだよ
かえるじゃないよ あひるだよ
ろくがつ むいかの さんかんび

あめ ざあざあ ふってきて
さんかくじょうぎに ひびいって
あんぱん ふたつ まめ みっつ
こっぺぱん ふたつ くださいな
あっというまに かわいい コックさん

遊び方

準備：ホワイトボードや画用紙

1 ぼうが いっぽん あったとさ

2 はっぱかな

3 はっぱじゃないよ かえるだよ

4 かえるじゃないよ あひるだよ

5 ろくがつ むいかの さんかんび

6 あめ ざあざあ ふってきて

7 さんかくじょうぎに

8 ひびいって

9 あんぱん ふたつ

10 まめ みっつ

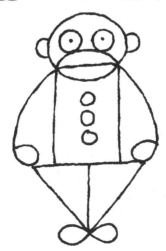

11 こっぺぱん ふたつ くださいな

12 あっというまに かわいい コックさん

89 まつぼっくり

広田孝夫 作詞
小林つや江 作曲

まつぼっくりが あったとさ
たかい おやまに あったとさ
ころころ ころころ あったとさ
おさるが ひろって たべたとさ

遊び方

準備：バラバラに散らばる

1 まつぼっくりが〜おやまに あったとさ

まつぼっくりの三角を両手でつくる。

2 ころころ ころころ あったとさ

床に転がる。

3 おさるが ひろって たべたとさ

起き上がって食べるまねをする。

90 まめまき

91 みつばちぶんぶん

小林純一 作詞
細谷一郎 作曲

1 みつばち ぶんぶん なぜいそぐ
　なぜって むこうに はなばたけ
　はなが さくから ぶんぶん ぶん

2 みつばち ぶんぶん なぜさわぐ
　なぜって ひなたが あかるくて
　きもちが いいから ぶんぶん ぶん

92 むすんでひらいて

作詞者不詳
ジャン＝ジャック・ルソー 作曲

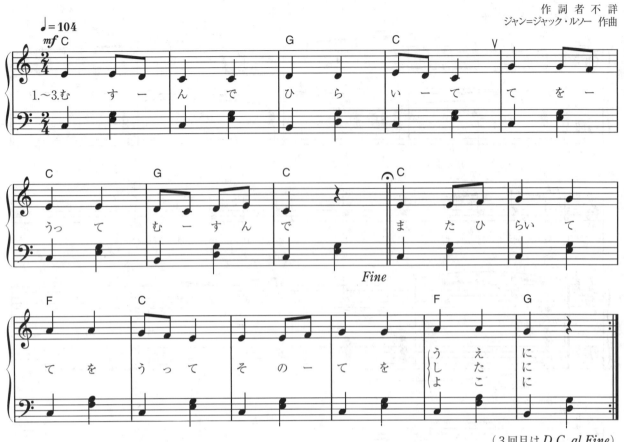

1 むすんで ひらいて
　てをうって むすんで
　またひらいて てをうって
　そのてを うえに

2 むすんで ひらいて
　てをうって むすんで
　またひらいて てをうって
　そのてを したに

3 むすんで ひらいて
　てをうって むすんで
　またひらいて てをうって
　そのてを よこに

（3回目は *D.C. al Fine*）

遊び方

準備：みんなで輪になる

1 むすんで

手をげんこつに握って振る。

2 ひらいて

手を開く。

3 てをうって

手拍子を4回打つ。

4 むすんで

手をげんこつに握って振る。

5 またひらいて

手を開く。

6 てをうって

手拍子を4回打つ。

7 そのてを うえに

両手を上にあげる。

1 めだかの がっこうは かわのなか
　そっと のぞいて みてごらん
　そっと のぞいて みてごらん
　みんなで おゆうぎ しているよ

2 めだかの がっこうの めだかたち
　だれが せいとか せんせいか
　だれが せいとか せんせいか
　みんなで げんきに あそんでる

3 めだかの がっこうは うれしそう
　みずに ながれて つーいつい
　みずに ながれて つーいつい
　みんなで そろって つーいつい

95 もりのくまさん

1 あるひ もりのなか
　くまさんに であった
　はなさく もりのみち
　くまさんに であった

2 くまさんの いうことにゃ
　おじょうさん おにげなさい
　スタコラ サッサッサッのサ
　スタコラ サッサッサッのサ

3 ところが くまさんが
　あとから ついてくる
　トコトコ トッコトッコト
　トコトコ トッコトッコト

4 おじょうさん おまちなさい
　ちょっと おとしもの
　しろい かいがらの
　ちいさな イヤリング

5 あらくまさん ありがとう
　おれいに うたいましょう
　ラララ ラララララ ラ
　ラララ ラララララ ラ

96 やきいもグーチーパー

阪田寛夫 作詞
山本直純 作曲

やきいも やきいも おなかが グー
ほかほか ほかほか あちちの チー
たべたら なくなる なんにも パー
それ、やきいも まとめて グーチーパー

遊び方

準備：みんなで輪になる

1 やきいも やきいも

手をげんこつに握って振る。

2 おなかが グー

手をグーにしてお腹にあてる。

3 ほかほか ほかほか あちちの

両手を顔のあたりで開いたり閉じたりする。

4 チー

両手をチョキにする。

5 たべたら なくなる なんにも

チョキを左右に振る。

6 パー

両手をパーにする。

7 それ やきいも まとめて

手拍手をする。

8 グーチーパー

グーチョキパーを順番に出す。

9 ジャンケン

8の代わりにかいぐりをする。

10 ポン

ジャンケンをする。

98 やまのおんがくか

```
だっこ だっこ だっこ      ゆらゆら だっこだっこ
だきしめて              ゆらゆら だっこだっこ
ママの ほっぺと         ゆらゆら だっこだっこ
○○ちゃんの ほっぺ      だきしめて
ママの ほっぺと
○○ちゃんの ほっぺ
```

遊び方

準備：子どもとペアになり抱っこする

1 だっこ〜だきしめて

子どもを優しくゆっくり揺らす。

2 ママの〜○○ちゃんの ほっぺ

ほっぺを指でチョンチョンと優しくなでてもOK。

3 ゆらゆら〜だきしめて

再び子どもを揺らし、「だきしめて」でぎゅっと抱きしめる。

100 ゆりかごのうた

1 ゆりかごの うたを
  カナリヤが うたうよ
  ねんねこ ねんねこ
  ねんねこよ

2 ゆりかごの うえに
  びわのみが ゆれるよ
  ねんねこ ねんねこ
  ねんねこよ

3 ゆりかごの つなを
  きねずみが ゆするよ
  ねんねこ ねんねこ
  ねんねこよ

4 ゆりかごの ゆめに
  きいろい つきが かかるよ
  ねんねこ ねんねこ
  ねんねこよ

101 ロケットにのって

ほしやまあさぎ 作詞
ほしやまあさぎ 作曲

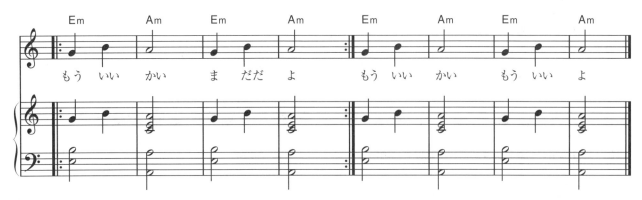

ロケットにのって とんでいくよ	もういいかい まだだよ	ロケットはっしゃじゅんび
ロケットにのって とんでいくよ	もういいかい まだだよ	5・4・3・2・1・0
	もういいかい もういいよ	はっしゃ

遊び方

準備：自分の場所にフープ（基地）などを置く。親子あそびとして、お母さんや保育者の膝でもOK

1 ロケットにのって とんでいくよ

ロケットの形を両手でつくり、左右に揺れる。

2 もういいかい〜もういいよ

大人は両手を口にあてて「もういいかい」と呼びかけ、子どもは「まだだよ」と答える。

3

「ロケットはっしゃじゅんび」と言いながら両手をピンと伸ばし、「5・4・3・2・1」とカウントダウン。

4

「0」と同時に飛び上がって走り回り、元の位置に戻る。

102 ロンドンばしがおちる

高田 三九三 訳詞
イギリス民謡

ロンドンばしが おちる
おちる おちる
ロンドンばしが おちる
さあ どうしましょう

遊び方

準備：橋役の子どもを二人決める。それ以外は円形

1 ロンドンばしが おちる〜おちる

ペアの子どもが両手で橋をつくり、ほかの子は右回りか左回りかを決めて下をくぐる。

2 さあ どうしましょう

歌の最後で橋を落とし、そのとき真下にいる子どもをつかまえる。
次はその子が橋役になる。このように一人ずつ交代しながら遊ぶ。

歌い出し索引

歌い出し	→曲名	ページ
あ アイアイ アイアイ おさるさんだよ	→アイアイ	6
あかいふうせん あおいふうせん	→ふうせん	114
あかりを つけましょ ぼんぼりに	→うれしいひなまつり	25
あぶくたった にえたった	→あぶくたった	9
あめが ポツポツ ふってきた	→あめがぽつぽつ	10
あるひ もりのなか くまさんに であった	→もりのくまさん	130
アルプス いちまんじゃく こやりのうえで	→アルプス一万尺	14
あわてんぼうの サンタクロース クリスマスまえに やってきた	→あわてんぼうのサンタクロース	16
あんまり いそいで こっつんこ	→おつかいありさん	34
いちねんせいになったら いちねんせいになったら ともだち ひゃくにん できるかな	→いちねんせいになったら	18
いつの ことだか おもいだして ごらん	→おもいでのアルバム	44
いっぽんばし こちょこちょ たたいて つねって なでてぽん	→いっぽんばしこちょこちょ	20
いもむし ごろごろ ひょうたん ぽっくりこ	→いもむしごろごろ	23
インディアンがとおる アッホイ アッホイ アッホイホイ	→インディアンがとおる	24
おおきなくりの きのしたで あなたとわたし	→おおきなくりのきのしたで	26
おおきなたいこ ドーンドーン	→おおきなたいこ	27
おかあさん なあに おかあさんて いいにおい	→おかあさん	28
おかたづけ おかたづけ さあさ みなさん	→おかたづけ	29
おしくらまんじゅう おされて なくな	→おしくらまんじゅう	30
おすもう くまちゃん くまのこちゃん	→おすもうくまちゃん	32
おにはそと ふくはうち	→まめまき	124
おはなが わらった おはなが わらった	→おはながわらった	36, 39
おべんと おべんと うれしいな	→おべんとう	42
おほしさま ぴかり おはなし してる	→おほしさま	43
おもちゃの チャチャチャ おもちゃの チャチャチャ チャチャチャ おもちゃの チャチャチャ	→おもちゃのチャチャチャ	46
おやまに あめが ふりました	→あめふりくまのこ	11
おんまは みんな ぱっぱか はしる	→おんまはみんな	48
か かえるの うたが きこえて くるよ	→かえるのがっしょう	50
かきねの かきねの まがりかど	→たきび	83
きらきら ひかる おそらの ほしよ	→きらきらぼし	54
キリン キリン キリン キリンとおはなし したいけど	→キリン	55
きれいな まるい わのなかに	→こどものおうさま	62
くいしんぼうの ゴリラが バナナを みつけた	→くいしんぼうのゴリラ	56
くまさん くまさん りょうてを あげて	→くまさんくまさん	57

	げんこつやまの たぬきさん おっぱい のんで ねんねして	→げんこつやまのたぬきさん	58
	こおろぎ ちろちろりん	→こおろぎ	60
	こぎつね コンコン やまのなか	→こぎつね	61
	コチコチカッチン おとけいさん	→とけいのうた	105
	ことりは とっても うたがすき	→ことりのうた	63
	このゆび パパ ふとっちょ パパ	→おはなしゆびさん	40
	ごんべさんの あかちゃんが かぜひいた	→ごんべさんのあかちゃん	66
さ	さいた さいた チューリップの はなが	→チューリップ	95
	ささのは さらさら のきばに ゆれる	→たなばたさま	87
	サッちゃんはね サチコっていうんだ ほんとはね	→サッちゃん	68
	さようなら みなさん たのしかったね	→さよならのうた	70
	さよなら あんころもち またきなこ	→さよならあんころもち	69
	しあわせなら てを たたこう	→しあわせならてをたたこう	71
	しずかな こはんの もりの かげから	→しずかなこはんの	72
	しゃぼんだま とんだ やねまで とんだ	→しゃぼんだま	73
	しろやぎさんから おてがみ ついた	→やぎさんゆうびん	134
	すうじの いちは なあに こうばの えんとつ	→すうじのうた	76
	セッセッセのヨイヨイヨイ	→おちゃらかホイ	33
	せんせいと おともだち せんせいと おともだち あくしゅを しよう	→せんせいとおともだち	77
	せんべ せんべ やけた どのせんべ やけた	→せんべせんべやけた	79
	せんろは つづくよ どこまでも のをこえ やまこえ たにこえて	→せんろはつづくよどこまでも	80
	ぞうさん ぞうさん おはなが ながいのね	→ぞうさん	82
た	たけのこ いっぽん おくれ まだ めが でないよ	→たけのこいっぽんおくれ	85
	たけのこ めだした はなさきゃ ひらいた	→たけのこめだした	86
	だっこ だっこ だっこ だきしめて	→ゆらゆらだっこだっこ	136
	たまご たまごが パチンと われて	→たまごたまご	88
	だるまさん だるまさん にらめっこ しましょ	→だるまさん	89
	だれかさんが だれかさんが だれかさんが みつけた	→ちいさいあきみつけた	90, 92
	ちゃちゃつぼ ちゃつぼ ちゃつぼにゃ ふたがない	→ちゃちゃつぼちゃつぼ	94
	ちょうちょう ちょうちょう なのはに とまれ	→ちょうちょう	96
	ちょち ちょち あわわ かいぐり かいぐり とっとのめ	→ちょちちょちあわわ	97
	てくてく てくてく あるいてきて	→あくしゅでこんにちは	8
	でこちゃん はなちゃん きしゃぽーぽ	→でこちゃんはなちゃん	98
	てを たたきましょう たんたん たん たんたん たん	→てをたたきましょう	101
	てを つなごう みんなで てを つなごう	→てをつなごう	102
	でんでら りゅうば でてくる ばってん	→でんでらりゅうば	104
	でんでん むしむし かたつむり	→かたつむり	51
	どうして おなかが へるのかな	→おなかのへるうた	35
	トマトって かわいい なまえだね	→トマト	106
	どんぐり ころころ どんぶりこ	→どんぐりころころ	107
	とんぼの めがねは みずいろ めがね	→とんぼのめがね	110

な	なべなべ そこぬけ そこが ぬけたら かえりましょ	→なべなべそこぬけ	111
は	バナナがいっぽん ありました	→とんでったバナナ	108
	パンパン パンやさんに おかいもの	→パンやさんにおかいもの	112
	ひとり ふたり さんにん いるよ	→10にんのインディアン	74
	ひよこがね おにわで ぴょこぴょこ かくれんぼ	→かわいいかくれんぼ	53
	ぶんぶんぶん はちがとぶ	→ぶんぶんぶん	117
	ペンギンちゃんが こおりの おやまを のぼります	→ペンギンちゃんのやまのぼり	118
	ぼうが いっぽん あったとさ はっぱかな	→ぼうがいっぽんあったとさ	119
	ぼくらは みんな いきている いきているから うたうんだ	→てのひらをたいように	99
	ポケットのなかには ビスケットが ひとつ	→ふしぎなポケット	115
ま	まいごの まいごの こねこちゃん	→いぬのおまわりさん	21
	まつぼっくりが あったとさ	→まつぼっくり	122
	みつばち ぶんぶん なぜいそぐ	→みつばちぶんぶん	125
	むすんで ひらいて てをうって むすんで	→むすんでひらいて	126
	めだかの がっこうは かわのなか	→めだかのがっこう	128
	メリーさんの ひつじ メエメエ ひつじ	→メリーさんのひつじ	129
	もういくつ ねると おしょうがつ	→おしょうがつ	31
や	やきいも やきいも おなかが グー	→やきいもグーチーパー	132
	やねより たかい こいのぼり	→こいのぼり	59
	ゆりかごの うたを カナリヤが うたうよ	→ゆりかごのうた	138
ら	りすさんが マスクした ちいさい	→コンコンクシャンのうた	64
	リンリンリン リンリンリン すず ならし	→ジングルベル	75
	ロケットにのって とんでいくよ	→ロケットにのって	139
	ロンドンばしが おちる おちる おちる	→ロンドンばしがおちる	140
わ	わたしゃ おんがくか やまの こりす	→やまのおんがくか	135

萌文書林
Houbunshorin

Name